LEBEN IN HOFFNUNG

LEBEN IN HOFFNUNG

David Pawson

Anchor Recordings

Copyright © 2023 David Pawson Ministry CIO

Original title: Living in Hope

David Pawson ist gemäß dem Copyright, Designs and Patents Act 1988 der Urheber dieses Werkes

Alle Rechte vorbehalten

Erstmals veröffentlicht in Großbritannien von Anchor, ein Handelsname von David Publishing Ltd. Synegis House, 21 Crockhamwell Road, Woodley, Reading RG5 3LE

Dieses Werk ist urheberrechtlich geschützt. Ohne vorherige schriftliche Genehmigung des Verlages darf kein Teil dieses Buches in irgendeiner Form vervielfältigt oder weitergegeben werden. Das betrifft auch die elektronische oder mechanische Vervielfältigung und Weitergabe, einschließlich Fotokopien, Aufzeichnungen und Systemen zur Informations- und Datenspeicherung und deren Wiedergewinnung.

Übersetzung: Ursula Völkel

**Weitere Titel von David Pawson,
einschließlich DVDs und CDs:**
www.davidpawson.com

Freie Downloads aus dem Internet:
www.davidpawson.org

**Weitere Informationen: email an
info@davidpawsonministry.com**

ISBN 978-1-913472-76-4

Druck: Ingram Spark

Inhalt

Vorwort   7

1. Die Zeichen seiner Wiederkunft   9
   Matthäus 24

2. Die Trennung bei seiner Wiederkunft   35
   Matthäus 25

Nachwort   65

VORWORT

Dieses Buch basiert auf einer Vortragsreihe. Da es dem gesprochenen Wort entspringt, wird es sich in der Wahrnehmung vieler Leser stilistisch etwas von meinem üblichen Schreibstil unterscheiden. Es bleibt zu hoffen, dass dies nicht von der Substanz der hierin enthaltenen biblischen Lehre ablenkt. Wie immer bitte ich den Leser, alles, was ich sage oder schreibe, mit dem zu vergleichen, was in der Bibel geschrieben steht und sich – falls an irgendeiner Stelle Konflikte augenscheinlich werden sollten – stets auf die klare Lehre der Schrift zu verlassen.

David Pawson

Kapitel 1

DIE ZEICHEN SEINER WIEDERKUNFT
(MATTHÄUS 24)

Glaube, Hoffnung und Liebe; das Größte ist die Liebe, das Seltenste aber ist die Hoffnung. Wir Christen sollen eine Gemeinschaft der Liebe sein, auch wenn wir in einer Welt leben, die voller Hass, Misstrauen, Spaltungen und zerrütteter Beziehungen ist. Wir sollen eine Gemeinschaft des Glaubens sein. In einer Welt, die voller Zynismus, Pessimismus und Verzweiflung ist; einer Welt, die voll von Agnostikern, Atheisten, Animisten, Polytheisten und anderen mehr ist, sind wir dazu berufen, eine Gemeinschaft der Hoffnung zu sein.

Das biblische Wort für ‚Hoffnung' hat nicht die Bedeutung von Wunschdenken. Würde ich sagen: „Ich hoffe, es wird morgen nicht regnen", dann wäre dies pures Wunschdenken, besonders im englischen Klima. Christliche Hoffnung hat eine weitaus stärkere Bedeutung. Wenn das Symbol des christlichen Glaubens das Kreuz ist, dann ist das Symbol für christliche Hoffnung ein Anker. In den kommenden Tagen benötigen wir Hoffnung ganz besonders, denn durch diese Nation wird eine pessimistische Stimmung fegen. Das Volk Gottes ist dazu aufgerufen, Menschen der Hoffnung zu sein. Menschen, die wissen wo sie hingehen, die wissen wie alles enden wird und die ruhig bleiben, auch wenn alle anderen bestürzt sind.

In Matthäus, Kapitel 24 und 25, war es das Bestreben Jesu, seine Jünger mit Hoffnung zu versorgen, als er zu ihnen von der Zukunft sprach. Matthäus 25 sagt uns, wie es in der Praxis funktioniert und das ist sehr wichtig, aber zuerst müssen wir das Fundament dafür legen. In christlicher Lehre muss zwischen dem

Objektiven und dem Subjektivem ein Gleichgewicht hergestellt werden. Damit meine ich, dass es einige Wahrheiten gibt und es egal ist, ob wir sie glauben oder nicht. Sie sind objektiv wahr. Dinge, die mein Glaube, meine Hoffnung und meine Liebe nicht verändern werden und die auch meinen Mangel an Glauben, Hoffnung und Liebe nicht verändern werden. Wir brauchen das solide Fundament dieser objektiven Wahrheiten – was tatsächlich wahr ist, ob wir es glauben oder nicht. Nur auf diesem Fundament können wir praktische Anwendungen aufbauen. Sie werden herausfinden, dass das meiste in den Evangelien auf diesem Muster basiert. Die erste Hälfte ist objektive Wahrheit, sie ist wahr, egal ob Sie diese glauben oder nicht. Bei der zweiten Hälfte geht es darum, diese umzusetzen, da Gott sie eingesetzt hat.

Die ersten drei Kapitel des Epheserbriefes z. B. legen objektive Wahrheiten dar und Sie können nichts daran ändern. Wenn wir direkt zur zweiten Hälfte weitergehen, der subjektiven Anwendung von Wahrheit, dann verwickeln wir uns in uns selbst, wühlen herum, stecken das Thermometer wie in einen Braten rein und nehmen es dann wieder raus, um zu sehen, wie wir vorankommen. Diese Art von Innenschau kann zu einer Barriere werden für das, was Gott in der Welt tun will.

Betrachten Sie diese Passage:

„Jerusalem, Jerusalem, die da tötet die Propheten und steinigt, die zu ihr gesandt sind! Wie oft habe ich deine Kinder versammeln wollen, wie eine Henne ihre Küken versammelt unter ihre Flügel, und ihr habt nicht gewollt! Siehe, euer Haus wird euch öde gelassen; denn ich sage euch: Ihr werdet mich von jetzt an nicht sehen, bis ihr sprecht: „Gepriesen sei, der da kommt im Namen des Herrn!"

Und Jesus trat hinaus und ging von dem Tempel weg; und seine Jünger traten zu ihm, um ihn auf die Gebäude des Tempels aufmerksam zu machen. Er aber antwortete und sprach zu ihnen: „Seht ihr nicht dies alles? Wahrlich, ich sage euch: Hier wird nicht ein Stein auf dem anderen gelassen werden, der nicht abgebrochen werden wird."

Als er aber auf dem Ölberg saß, traten seine Jünger für sich allein zu ihm und sprachen: „Sage uns, wann wird das sein, und was ist das Zeichen deiner Ankunft und der Vollendung des Zeitalters?"

Und Jesus antwortete und sprach zu ihnen: „Seht zu, dass euch niemand verführe! Denn viele werden unter meinem Namen kommen und sagen: Ich bin der Christus! Und sie werden viele verführen. Ihr werdet aber von Kriegen und Kriegsgerüchten hören. Seht zu, erschreckt nicht! Denn es muss geschehen, aber es ist noch nicht das Ende. Denn es wird sich Nation gegen Nation erheben und Königreich gegen Königreich, und es werden Hungersnöte und Erdbeben da und dort sein. Alles dies aber ist der Anfang der Wehen.

Dann werden sie euch in Bedrängnis überliefern und euch töten; und ihr werdet von allen Nationen gehasst werden um meines Namens willen. Und dann werden viele verleitet werden und werden einander überliefern und einander hassen; und viele falsche Propheten werden aufstehen und werden viele verführen; und weil die Gesetzlosigkeit überhandnimmt, wird die Liebe der meisten erkalten; wer aber ausharrt bis ans Ende, der wird gerettet werden. Und dieses Evangelium des Reiches wird gepredigt werden auf dem ganzen Erdkreis, allen Nationen zu einem Zeugnis, und dann wird das Ende kommen.

Wenn ihr nun den Gräuel der Verwüstung, von dem durch Daniel, den Propheten, geredet ist, an heiliger Stätte stehen seht – wer es liest, der merke auf! –, dann sollen die in Judäa auf die Berge fliehen; wer auf dem Dach ist, soll nicht hinabsteigen, um die Sachen aus seinem Haus zu holen; und wer auf dem Feld ist, soll nicht zurückkehren, um seinen Mantel zu holen. Wehe aber den Schwangeren und den Stillenden in jenen Tagen! Betet aber, dass eure Flucht nicht im Winter geschehe noch am Sabbat! Denn dann wird große Bedrängnis sein, wie sie von Anfang der Welt bis jetzt nicht gewesen ist und auch nie sein wird. Und wenn jene Tage nicht verkürzt würden, so würde kein Fleisch gerettet werden; aber um der Auserwählten willen werden jene Tage verkürzt werden.

Wenn dann jemand zu euch sagt: Siehe, hier ist der Christus, oder dort! so glaubt es nicht! Denn es werden falsche Christusse und falsche Propheten aufstehen und werden große Zeichen und Wunder tun, um, wenn möglich, auch die Auserwählten zu verführen. Siehe, ich habe es euch vorhergesagt. Wenn sie nun zu euch sagen: Siehe, er ist in der Wüste! so geht nicht hinaus! Siehe, in den Kammern! so glaubt es nicht! Denn wie der Blitz ausfährt von Osten und bis nach Westen leuchtet, so wird die Ankunft des Sohnes des Menschen sein. Wo das Aas ist, da werden sich die Adler versammeln.

Aber gleich nach der Bedrängnis jener Tage wird die Sonne verfinstert werden und der Mond seinen Schein nicht geben, und die Sterne werden vom Himmel fallen, und die Kräfte der Himmel werden erschüttert werden. Und dann wird das Zeichen des Sohnes des Menschen am Himmel erscheinen; und dann werden wehklagen alle Stämme des Landes, und sie werden den Sohn des Menschen kommen sehen auf den Wolken des Himmels mit großer Macht und Herrlichkeit. Und er wird seine Engel aussenden mit starkem Posaunenschall, und sie werden seine Auserwählten versammeln von den vier Winden her, von dem einen Ende der Himmel bis zu ihrem anderen Ende.

Von dem Feigenbaum aber lernt das Gleichnis: Wenn sein Zweig schon weich geworden ist und die Blätter hervortreibt, so erkennt ihr, dass der Sommer nahe ist. So sollt auch ihr, wenn ihr dies alles seht, erkennen, dass es nahe an der Tür ist. Wahrlich, ich sage euch: Dieses Geschlecht wird nicht vergehen, bis dies alles geschehen ist. Der Himmel und die Erde werden vergehen, meine Worte aber sollen nicht vergehen.

Von jenem Tag aber und jener Stunde weiß niemand, auch nicht die Engel in den Himmeln, auch nicht der Sohn, sondern der Vater allein. Aber wie die Tage Noahs waren, so wird auch die Ankunft des Sohnes des Menschen sein. Denn wie sie in jenen Tagen vor der Flut waren: – sie aßen und tranken, sie heirateten und verheirateten bis zu dem Tag, da Noah in die Arche ging und sie es nicht erkannten, bis die Flut kam und alle wegraffte –, so wird auch die Ankunft des Sohnes des Menschen sein. Dann werden zwei auf dem Feld sein, einer wird genommen und einer gelassen; zwei Frauen werden an dem Mühlstein mahlen, eine wird genommen und eine gelassen.

Wacht also! Denn ihr wisst nicht, an welchem Tag euer Herr kommt. Das aber erkennt: Wenn der Hausherr gewusst hätte, in welcher Wache der Dieb kommt, so hätte er wohl gewacht und nicht zugelassen, dass in sein Haus eingebrochen wird. Deshalb seid auch ihr bereit! Denn in der Stunde, in der ihr es nicht meint, kommt der Sohn des Menschen.

Wer ist nun der treue und kluge Knecht, den sein Herr über seine Dienerschaft gesetzt hat, um ihnen die Speise zu geben zur rechten Zeit? Glückselig jener Knecht, den sein Herr, wenn er kommt, bei solchem Tun finden wird! Wahrlich, ich sage euch, er wird ihn über seine ganze Habe setzen. Wenn aber jener als böser Knecht in seinem Herzen sagt: Mein Herr lässt auf sich warten, und anfängt, seine Mitknechte zu schlagen, und isst und trinkt mit den Betrunkenen, so wird der Herr jenes Knechtes kommen an einem Tag, an dem er es nicht erwartet, und in einer Stunde, die er nicht weiß, und wird ihn entzweischneiden und ihm sein Teil festsetzen bei den Heuchlern; da wird das Weinen und das Zähneknirschen sein."

Matthäus 23:37–24:51

LEBEN IN HOFFNUNG

Ich habe festgestellt, dass die meisten Menschen gewissermaßen eine doppelte Einstellung zur Zukunft haben. Sie haben Angst vor ihr und sie sind fasziniert von ihr. Sie wollen wissen, was geschehen wird und wollen es gleichzeitig doch nicht wissen. Lassen Sie mich das veranschaulichen. Angenommen, ich habe solch eine starke Gabe der Prophetie, dass ich das Datum Ihres Todes weiß und wenn Sie mich nach dem Datum fragen könnten, würde ich es Ihnen sagen. Würden Sie es wissen wollen? Selbst wenn es noch viele Jahre in der Zukunft liegen würde, würden Sie es wirklich wissen wollen, um dann dieses Datum jedes Jahr feiern zu können, zusammen mit Ihrem Geburtstag vielleicht? Man sagt, dass in einer typischen englischen Stadt ungefähr sieben von zehn Frauen und sechs von zehn Männern täglich ihr Horoskop lesen. Die Horoskopschreiber und Wahrsager würden arbeitslos werden, wenn sie mehr schlechte als gute Nachrichten weitergeben würden, denn die Menschen suchen nach Beruhigung, sie wollen wissen, dass das Leben besser wird, nicht schlechter. Ich war auf dem Champs Élysées in Paris und sah vor einem Laden, in dem es einen großen Computer gab, eine Warteschlange von gut gekleideten, allem Anschein nach gebildeten Franzosen, Männern und Frauen. Sie fütterten den Computer mit 5 Euro und dazu mit dem Datum, dem Ort und der Zeit ihrer Geburt. Der Drucker spuckte dann 31 Seiten aus: das Horoskop für den nächsten Monat, das ihre Zukunft voraussagte! Und *Old Moore's Almanach* (Astrologisches Nachschlagewerk, Anmerkung des Übersetzers) ist immer noch unter den Bestsellern.

Dann gibt es da noch ‚think tanks' (Denkfabriken) und Professoren der Futurologie (Zukunftsforschung). Das Massachusetts Institute of Technology errechnet für uns ständig das Ende der Welt, es teilt uns mit, wann das Öl zu Ende geht und wann das Bevölkerungswachstum schließlich wirklich zu einer weltweiten Hungersnot führen wird.

Wenn es in der heutigen Gesellschaft wirklich eine doppelte

Die Zeichen seiner Wiederkunft

Haltung zur Zukunft gibt – eine Atmosphäre, in der die Menschen wissen wollen, was geschehen wird und doch gleichzeitig, auf einer zweiten Ebene, es nicht wirklich wissen wollen – dann kann Gottes Volk genau hier ins Bild kommen – wir, die wir zuerst auf Christus gehofft haben.

Ich bin erstaunt darüber, dass diejenigen, die wirklich wissen wollen, was die Zukunft bereithält, nicht eingehend die Bibel studieren. Die Aufzeichnungen an Vorhersagen darin sind ziemlich beeindruckend. Wussten Sie, dass 24% der Verse in der Bibel eine Vorhersage über die Zukunft enthalten? Vorhersage ist ein wesentliches Element im Prophetischen und das prophetisch begabte Volk Gottes muss sich mit der Zukunft befassen. Hier sind noch mehr Zahlen, die Sie verblüffen mögen. Insgesamt werden 737 unterschiedliche zukünftige Ereignisse in der Bibel vorausgesagt. Ich kenne keine andere Veröffentlichung, die es gewagt hat, so viele Voraussagen zu machen. Einige davon sind bis zu dreihundertmal vorhergesagt und jetzt können Sie ja mal ein bisschen Kopfrechnen betreiben. Von den 737 vorhergesagten Dingen sind 596 (knapp über 80%) schon geschehen – und zwar getreu bis auf den letzten Buchstaben. Einiges davon ist so außergewöhnlich, dass, statistisch gesehen, es niemals zu erwarten gewesen wäre, dass es eintritt. Macht das die Bibel zu 80% zutreffend? Nein, sie ist 100% zutreffend, denn alles, was bis jetzt geschehen konnte, ist geschehen.

Die meisten der restlichen Voraussagen befassen sich mit dem Ende der Welt und wenn das Ende der Welt geschieht, werden Sie feststellen, dass alle diese Voraussagen auch zutreffend waren! Es sind weniger als 20 Dinge, von denen vorhergesagt ist, dass sie noch geschehen werden, bevor Jesus zurück auf den Planeten Erde kommt. (Übrigens ist diese Wiederkunft eines der Geschehnisse, das dreihundertmal vorhergesagt wurde und deshalb scheint es von großer Wichtigkeit in Bezug auf unsere Hoffnung zu sein.)

Mich beunruhigt, dass Christen, die doch diejenigen mit einer klaren Sicht von der Zukunft sein sollten, die wissen, was geschehen wird, in Wirklichkeit sehr verwirrt sind. Tatsächlich sind viele Christen so verwirrt, dass sie aufgehört haben, über die Zukunft nachzudenken und einfach sagen: „Na ja, ich befasse mich mit der Gegenwart, das ist viel wichtiger" und so bringen sie sich um die wesentliche Dimension der Hoffnung. Gott möchte, dass wir vollständig dreidimensionale prophetische Menschen sind.

Der Widerwille unter den Christen, sich damit zu befassen, stammt teilweise von vielen seltsamen und erstaunlichen Ideen, auf die wir in Büchern, Filmen und Liedern gestoßen sind. Einige Christen sind mit Tabellen über endzeitliches Geschehen aufgewachsen, die ihnen als das letztendliche und entscheidende Wort vorgelegt wurden. Wie anfällig sind wir doch für Täuschung. Es war jedoch Gottes Anliegen, dass wir niemals getäuscht würden und nichts falsch verstehen. Er wusste, dass wir getäuscht werden würden, und eines der Prinzipien, die er festgelegt hat, um uns daran zu hindern, falsche Vorstellungen zu bekommen, ist dieses: Traue deinen Ohren nicht, sondern traue deinen Augen, denn die Täuschung wird durch die Ohren kommen. Sei in Bezug auf die Zukunft wachsam, halte die Augen offen. Wenn du auf all das hörst, was dir irgendjemand über die Wiederkunft Christi sagt, wirst du in Verwirrung enden. Halte einfach die Augen offen. Das ist sein Prinzip. Und dann sagt er uns sehr klar und spezifisch, wonach wir Ausschau halten sollen. Wenn Sie diese Dinge sehen, ausgezeichnet, dann werden Sie wissen, welche Zeit es auf Gottes Uhr ist. Er warnt uns davor, auf andere Menschen zu hören. Deshalb seien Sie wachsam.

Ich will Ihnen ein Beispiel von einer irreführenden Information geben, die uns durch die Ohren erreichen kann. Ich glaube, dass es eine falsche Prophezeiung ist, die wahrscheinlich durch eine Frau mit dem Namen Margaret MacDonald in Port Glasgow in Schottland begonnen hat. Sie sagte voraus, dass bevor die große Trübsal die Erde treffen wird – und die Bibel spricht davon, dass große Schwierigkeiten kommen werden – die Christen

Die Zeichen seiner Wiederkunft

irgendwie verschwinden werden und so weg vom Fenster sind. Das Fachwort, dass benutzt wurde, war ‚entrückt werden'. Diese Idee, von der man nie zuvor gehört hatte und die niemand jemals zuvor in der Bibel entdeckt hat, kam aus Port Glasgow. Sie wurde weitergetragen in ein Schloss in Albury, außerhalb von Guilford, eineinhalb Meilen davon entfernt, wo ich gelebt habe. In der Bücherei des Schlosses gibt es ein Nachschlagewerk über Prophetien; ein Mann namens J. N. Darby stieß darauf und er übernahm die darin enthaltenen Ideen und Vorstellungen. Dadurch gelangte diese Prophetie weiter über den Atlantik an einen Mann namens Scofield. Jetzt ist sie in Kraft über den Atlantik zurückgekehrt und man findet sie in Schriften wie denen von Hal Lindsay und anderen. Viele Christen lesen darüber, hören darüber und, wie ich glaube, geraten in Verwirrung.

Jetzt möchte ich Ihnen zeigen, was Jesus über all das gesagt hat, damit Sie nicht verwirrt und getäuscht werden, sondern damit Sie wissen, wonach Sie ausschauen sollen und Ihren Augen trauen und nicht Ihren Ohren und verstehen, welche Zeit es auf Gottes Uhr ist. Ich sage es auch, weil wir seit vielen Jahren sehen, dass sich von Zeit zu Zeit alle möglichen Spekulationen über die Wiederkunft Christi entwickeln, besonders in Kreisen, wo Menschen durch den Heiligen Geist erneuert wurden. 1982 sprachen einige Leute darüber, dass sich die Planeten am Himmel in einer Linie ausrichten würden. Manche hörten davon und ich bekam Briefe, in denen ich gefragt wurde, was ich über dieses Phänomen denke. Ich sagte: „Sehr interessant, das geschieht bislang alle 179 Jahre, und ein weiteres Mal wird da keinen großen Unterschied machen!" Nun, das Ereignis kam und ging ohne jede Auswirkung, aber viele vom Volk Gottes waren verunsichert. In meiner Bibel finde ich nichts darüber, dass die Planeten sich in einer Reihe ausrichten. Es ist nicht von Bedeutung.

Dann gibt es diejenigen, die uns z. B. erzählen, dass Jesus heute Nacht zurückkommen könnte und Sie am nächsten Morgen aufwachen könnten und Ihre Familie wäre verschwunden.

Beachten Sie, dass die Apostel niemals solch eine Art von ‚Druck-Evangelisation' angewendet haben. Es ist nicht biblisch.

In diesem Strudel konfuser Ansichten sagen Christen: „Tja, lass uns das mal vergessen mit der Wiederkunft Christi. Lass uns einfach weiter die Gemeinde bauen." Ich denke, das ist ein schwerwiegender Verlust und großer Schaden. Als Reaktion auf all diese unterschiedlichen Sichtweisen ist es das Beste, nach der richtigen Sichtweise zu streben und nicht, sich aus der Debatte zurückzuziehen. Das Prinzip in meinem eigenen Leben, meinen eigenen Studien, ist dies: **beginne mit dem, was Jesus sagte.**

Ich starte mit dem Überblick, den Jesus in seinen Lehren über die Zukunft gibt. Ich beginne nirgendwo anders – weil er die Wahrheit ist. Ich finde dort eine Klarheit und Einfachheit, die viele Christen in ihrer Verwirrtheit anscheinend nicht finden. Jesus wollte, dass wir Bescheid wissen. Ich liebe es einfach, wie Jesus uns, seinen Jüngern, sagt: *„Wenn es nicht so wäre, dann hätte ich es euch gesagt."* In diesem Kapitel sagt er auch: *„Siehe, ich habe es euch vorhergesagt, so dass ihr wisst."* Er will nicht, dass wir über die Zukunft verwirrt sind. Er wollte, dass wir uns im Klaren darüber sind und Bescheid wissen und wir uns nicht aufregen, nicht in Panik geraten und hierhin oder dorthin rennen und aus dem Gleichgewicht geraten.

So ist Jesus. Er will Ihnen die Dinge sagen, die Sie wissen müssen. Aus diesem Grund habe ich den letzten Teil von Matthäus 23 zitiert. Der Hintergrund ist sein großer Schmerz über Jerusalem, als er weinte und sagte: *„Oh Jerusalem, Oh Jerusalem, wie oft wollte ich euch versammeln so wie eine Henne ihre Küken."* (Die ‚Vögel', die metaphorisch für die Personen der Dreieinigkeit gelten, sind diese: der Adler, unser Vater; die Taube, der Geist, aber Jesus ist die ‚Henne'. Darüber könnte man weitere Predigten halten! Wenn der Vater wie ein Adler in der Höhe ist, der alles unten auf der Erde sieht, und der Heilige Geist wie eine Taube, ein Vogel, der in großer Nähe zu den Menschen lebt, dann spricht Jesus von sich selbst als einer Henne und er

Die Zeichen seiner Wiederkunft

wolle Menschen unter seinen Flügeln versammeln – aber sie wollten nicht.) Dann sagte er folgendes: Ihr werdet mich von jetzt an nicht mehr sehen, bis ihr sprecht: *„Gepriesen sei, der da kommt im Namen des Herrn!"* Wissen Sie, woher dieses Zitat stammt? Es ist aus Psalm 118, der in Jerusalem während des Laubhüttenfestes gesungen wird. Der Prophet Sacharja sagt, dass der Christus während des Laubhüttenfestes kommen wird. Der Messias wird am Laubhüttenfest kommen und er wird König über die ganze Erde sein. Wenn sie in Jerusalem den kommenden König feiern, das Kommen des Messias, singen sie die gleichen Verse aus Psalm 118. Jesus lehrte, wir würden ihn nicht mehr sehen, bis wir dies singen werden.

Wir sollten erwarten, dass er genau zum richtigen Zeitpunkt kommt. Er kam pünktlich zu Pfingsten, aber das größte Fest von allen, das Laubhüttenfest, ist noch nicht erfüllt. Es wird jedes Jahr in Jerusalem gefeiert – tausende von Juden und Christen feiern den kommenden König. Der Hintergrund ist also seine Wiederkunft, die Rückkehr nach Jerusalem. Für einige ist es eine Neuigkeit, dass er nicht zurück nach Canterbury oder Rom oder Peking oder New York kommt, sondern er kommt zurück nach Jerusalem. Wohin sonst? Als sie den Tempel verließen, nachdem Jesus ungeniert öffentlich geweint hatte, waren die Jünger mehr durch ihre Umgebung beeindruckt als durch das, was er gesagt hatte. Sie sahen auf die Steine, die König Herodes für den Bau des Tempels verwandte.

Vor einiger Zeit gab es eine Radiosendung über die Bauten von König Herodes, die in Cäsarea ausgegraben werden. König Herodes, der kein Jude war, wollte den Juden gefallen und dachte sich deshalb, er würde eine Art ‚Frühjahrsputz' mit ihrem Tempel machen – genau genommen, ihn wieder aufbauen. Während Jesu Lebzeiten war der Wiederaufbau immer noch im Gange und das in einem Ausmaß, das fast unvorstellbar war. Das Fundament des Tempels war groß genug, um 13 englische Kathedralen zu fassen! Manche der Steine waren 12 Meter lang, 1,2 Meter breit und 1,2 Meter hoch und wogen 110 Tonnen. Sie hatten keine Kräne, sondern nur menschliche Muskelkraft, um diese Steine an Ort und Stelle zu bringen und aufeinander zu stapeln. Das Fundament des Tempels war bereits 36 Meter hoch. Die aus einem Steinblock gemeißelten Säulen des Tempels waren 11,4 Meter hoch und drei sich an den Händen haltende Männer reichten so gerade um sie herum. Dies war Herodes Beschwichtigungspille für die Juden. Während sie durch den Tempelbereich gingen, sprachen die Jünger nicht über die Worte oder den Schmerz von Jesus. Wir können uns vorstellen, dass sie sagten: „Schau dir all das hier an, Jesus, ist das nicht erstaunlich und überwältigend?" Aber Jesus antwortete: *„Nicht ein Stein wird auf dem anderen bleiben."*

Einmal ging ich zu der südwestlichen Ecke des Tempelbezirks, wo sie heruntergefallene Steine des Tempels ausgegraben haben, und man kann sie tatsächlich sehen. Es verursachte mir einen Schauder über den Rücken, etwas zu sehen, das von Jesus vorausgesagt wurde, und der Beweis dafür wurde schließlich gefunden. Man wusste nicht, wohin die Steine gekommen waren. Alles, was übrig geblieben war, war die Plattform mit der Klagemauer – ein Rand der Plattform – aber nichts obendrauf. Auf diesen über 15 Hektar war nichts übrig geblieben. Niemand wusste, was mit den Steinen geschehen war! Jetzt sind sie freigelegt und man kann tatsächlich diese Steine sehen, die von den Römern irgendwie über den Rand der Plattform geschoben wurden – sie liegen dort auf einem riesigen Haufen. Aber die Jünger konnten sich nicht vorstellen, dass so etwas geschehen könnte, außer am Ende der Welt. Deshalb stellten sie ihre Fragen. „Jesus, wann wird dies passieren? Was wird das Zeichen deiner Wiederkunft sein und wie ist das mit dem Ende der Welt? Du beschreibst doch ganz sicher eine Katastrophe, die nur stattfinden kann, wenn die Welt zu Ende geht?" Ihnen war etwas entgangen, was Jesus versucht hatte, ihnen zu sagen – dass es tatsächlich passieren würde, bevor der Aufbau des Tempels fertig gestellt sein würde. Weniger als vierzig Jahre später geschah es und diese Steine wurden niedergerissen. Jesus wollte nicht, dass seine Jünger Vermutungen über die Zukunft anstellen. Er sagte ihnen dann, was sich bei seiner Wiederkehr abspielen würde.

Ich war ein Trainspotter (Eisenbahn-Liebhaber). Ich frage mich, ob Sie jemals Trainspotter waren. Ich erinnere mich, wie ich als sechsjähriger Junge auf dem Bahnsteig des Hauptbahnhofs von Newcastle den ersten Silver Link Zug hereinkommen sah. Das war in den alten Zeiten der Dampflokomotiven. Wenn man auf die Ankunft eines Zuges wartete, gab es vier Signale, auf die man achten musste: ‚distance' (Fernsignal), ‚outer home' (Einfahrtsignal), ‚inner home' (Wegsignal) und ‚starter' (Startersignal). Wenn man das Fernsignal vernahm, wusste man, dass der Zug im Streckenabschnitt innerhalb der letzten Kilometer war. Wenn man das Einfahrtsignal vernahm, wusste man, dass der Zug nun viel näher war. Wenn man das Wegsignal vernahm, bereitete man sich vor und wenn man das Startersignal vernahm (das letzte Signal am Bahnsteig), dann wusste man, dass man den Zug sogleich sehen würde. Wenn ich diese Illustration verwenden darf, ermutigt uns die Lehre von Jesus, auf vier Signale zu achten. Wenn Sie nach diesen vier Signalen Ausschau halten, werden Sie wissen, in welchem Stadium wir uns befinden. Sie werden wissen, wie nahe seine Wiederkunft ist. Wenn Sie ihre Augen offenhalten, werden sie nicht aus dem Gleichgewicht geraten. Ich möchte diese vier Signale nun näher betrachten.

Die Signale werden mit zunehmender Geschwindigkeit ertönen, deshalb ist die Zeitspanne zwischen dem ersten und zweiten viel länger als zwischen dem dritten und vierten. In diesem Kapitel findet eine Geschwindigkeitszunahme statt. Ich glaube, das erste Signal ist bereits vernehmbar. Und das erste Signal steht im Zusammenhang mit der Welt. Das zweite Signal werden Sie in der Gemeinde sehen; das dritte im Mittleren Osten und das vierte Signal werden Sie am Himmel sehen. Die vier Signale befinden sich also an vier verschiedenen Orten.

LEBEN IN HOFFNUNG

Signal Nummer eins ist das Signal in der Welt im Allgemeinen – das Signal von weit verbreiteten Katastrophen. Der Herr hat drei solcher Katastrophen erwähnt, die wir in zunehmendem Umfang bei unseren Beobachtungen sehen werden: Kriege, Hungersnöte, Erdbeben. Erdbeben werden gänzlich durch natürliche Ursachen hervorgerufen. Kriege werden ganz und gar durch menschliche Faktoren herbeigeführt und Hungersnöte sind eine Mischung aus beidem. Aber Jesus sagte, dass sowohl von der Natur als auch von der menschlichen Natur her eine große Zunahme an Katastrophen kommen wird. Sie können damit rechnen, dass Sie bei jedem Öffnen der Zeitung von einem weiteren Krieg, noch einer Hungersnot oder einem neuen Erdbeben lesen werden. Die Anzahl verheerender Verluste durch Erdbeben hat zugenommen. Wir alle sind uns dieser sich aneinander reibenden tektonischen Platten, auf denen wir leben, bewusst geworden. Wir akzeptieren diese Tatsache als zu unserem Alltag gehörend und wir wissen nicht immer, wo das nächste Beben sein wird.

Nun zu den Kriegen. Wer in Großbritannien hätte vor 9/11 gedacht, dass wir innerhalb einer so kurzen Zeitspanne im Krieg sein würden und dass unsere Truppen wieder einmal ihr Blut lassen würden? Jesus forderte seine Jünger dazu auf, über bevorstehende Katastrophen nachzudenken. Wie ist Ihre Reaktion darauf? Wir kennen die Reaktion der Welt: Die Welt sagt entweder ‚ist es nicht schrecklich; ist es nicht entsetzlich?' – oder die Welt will es gar nicht wissen und wendet sich schnell den Sportberichten zu. Aber wie ist die Reaktion der Christen? Ihre Reaktion muss nicht sein: Das ist das Ende der Welt. Als ich in Neuseeland war, fragte ich mich, ob vielleicht ein Erdbeben geschehen würde, aber dieses Erlebnis hatte ich nie. Diejenigen, die ein Erdbeben erlebten, sagen, dass es eines der schrecklichsten Dinge ist und ihr erster Gedanke war: dies ist das Ende der Welt.

Oder, wenn Sie sich plötzlich mitten in einem heftigen Krieg befinden würden, könnten sie wohl denken, dass es das Ende der Welt ist. Wenn Sie im Tschad wären und an einem trockenen

Die Zeichen seiner Wiederkunft

Ort ohne einen grünen Grashalm leben würden und Sie nichts zu essen hätten, nichts für Ihre Kinder hätten, dann würde man durchaus verstehen, dass Sie denken, dies ist das Ende. Aber Jesus lehrte, dass, wenn Sie diese Katastrophen sehen, es nicht das Ende ist. Es mag der Beginn des Endes sein, aber es ist nicht wirklich das Ende. Also geraten Sie nicht in Panik. Laufen Sie nicht herum und erklären, es ist das Ende der Welt. Was Sie erkennen sollten ist, dass diese qualvollen Dinge eigentlich der Anfang von Geburtswehen sind.

Nun kenne ich niemanden auf der Welt, der, außer den Christen, solch eine Betrachtungsweise hat. Nur diejenigen, die ihre Hoffnung auf und in Christus haben, können sagen, dass diese schmerzhaften Dinge der Beginn von Geburtswehen sind – nicht der Anfang von Todesqualen, sondern von Geburtswehen. Das ist eine völlig andere Weise, diese Ereignisse zu betrachten. Deshalb können Sie in die Zeitung schauen, über diese Katastrophen lesen und sagen: „Geburtswehen." So wie eine Frau plötzlich ihre ersten Wehen bekommt, so sind Erdbeben die Wehen einer Schöpfung, die stöhnt und auf Erlösung wartet. Wirft dies nun ein anderes Licht auf Ihre Tageszeitung? Es bedeutet nicht, dass Sie sich daran ergötzen sollen. Niemand kann sich an Katastrophen ergötzen, die solches Leid mit sich bringen. Christen werden alles daransetzen, die von solchen Leiden hervorgerufenen Schmerzen zu lindern. Wenn sie dies nicht tun würden, dann wären sie es nicht wert, sich ‚Christen' zu nennen. Aber im tiefsten Inneren sind sie nicht in Panik; sie geraten nicht aus dem Gleichgewicht. Sie behaupten nicht, das Ende der Welt ist gekommen, sie sagen: „Es ist der Beginn von Geburtswehen."

Es sind die ersten Wehen eines Universums, das Gott zu einer Neugeburt bringen will. Manche Christen denken, dass Gott nur *Menschen* zu einer Neugeburt bringen möchte. Das tut er nicht. Er will *Alles* zu einer neuen Geburt bringen. Er will alle Dinge wiederherstellen. Er möchte eine neue Erde und einen neuen Himmel. Er möchte *alles neu machen*. Er will alle Dinge neu machen. Dieses Mal hat er eben mit uns angefangen. Beim ersten Mal fing er mit der Erde und dem Himmel an und beendete es dann mit uns. Diesmal beginnt die Neugeburt mit uns und wird mit dem Himmel und der Erde abschließen. Wie man sieht, hoffen wir auf Christus und wir sagen, ja, wir erwarten Kriege und Hungersnöte und Erdbeben und wir sagen nicht, das ist das Ende aller Dinge. Wir erklären, es ist der Beginn von allem, es sind Geburtswehen.

In jeder Phase der vier Signale gibt es eine damit einhergehende Gefahr. Wenn Signal Nummer eins fällt, ist es die Gefahr des falschen Messias. Da das Signal bereits in der Welt ist, werden auch falsche Messiasse in der Welt sein und wenn alles erschüttert wird und wenn rundum Erdbeben, Hungersnöte und Kriege sind, werden die falschen Messiasse ihre ‚Blütezeit' haben. Sie können die Verunsicherung der Menschen ausnutzen und sie tun es auch. Deshalb erleben wir solche Menschen als Anführer von Sekten und wir werden noch viel, viel mehr solcher falschen ‚Christusse' sehen. Die Unsicherheit, die heute in der Welt herrscht, bedeutet, dass diese ‚Messiasse' wirklich Einfluss bekommen. Jesus sagte, dass es geschehen würde, und es kann mich nicht aufregen. Ich bin bekümmert wegen derjenigen, die von solchen Sekten auf Grund ihrer eigenen Unsicherheiten gefangen wurden. In einer Welt, in der Menschen verzweifelt nach jemandem suchen, der sich um sie kümmert, sind falsche Messiasse eine Gefahr.

Festzustellen ist, dass sie keine Gefahr für die Gemeinde sind; sie sind nur eine Gefahr für die Welt. Das ist wichtig, denn ich denke nicht, dass Sie mir auch nur einen Moment zuhören würden, wenn ich zu Ihnen kommen würde und behaupten würde, ich bin der Christus. Sie würden nicht zuhören, aber ich befürchte, dass Leute auf der Straße zuhören könnten, da sie so verunsichert sind. Sie sind nicht fest in ihrem eigenen Glauben verankert. Deshalb sagte Jesus: haltet Ausschau nach falschen Christussen! Viele werden kommen und behaupten, sie wären der Christus.

Dies ist das Signal Nummer eins und ich muss sagen, dass

ich glaube, wir haben dieses Signal gesehen. Signal Nummer zwei werden Sie in der Gemeinde vernehmen – Sie müssen dort danach Ausschau halten. Was ist es? Nun, drei Dinge werden in einem weltweiten Rahmen in der Gemeinde geschehen. Erstens, weltweite Verfolgung: sie wird von allen Nationen gehasst werden. Das gab es noch nie in der Kirchengeschichte. Seit 2000 Jahren gibt es immer wieder Länder, in denen die Gemeinde unter Druck gesetzt wird und andere, wo dies nicht der Fall ist, z. B. ein Land wie Großbritannien. Wir wurden seit sehr langer Zeit nicht unter Druck gesetzt. Aber ich sage Ihnen, die Anzahl der Länder in der Welt, in denen die Gemeinde verfolgt wird, nimmt monatlich zu.

Vor einigen Jahren habe ich mit eigenen Augen gesehen, was dies für ein afrikanisches Land bedeuten kann und dieses Land ist heute in einem noch schlechteren Zustand als damals. Ich sah mir die Karte von Afrika an und dachte, wie viele Länder sind denn noch übrig geblieben, in denen die Gemeinde nicht verhasst ist. Es sind nur sehr wenige. Und wenn Sie sich eine Weltkarte anschauen und darauf jedes Land auslöschen, in dem die Gemeinde verfolgt wird, dann werden Sie 9/10tel der Welt hinsichtlich der Länderzahlen auslöschen. Es gibt nur noch 10% der Länder auf der Welt, wo man die Freiheit hat, christliche Feste zu feiern. Wussten Sie das? Und die Anzahl nimmt rapide ab. Jesus lehrte, dass, wenn die Gemeinde überall gehasst wird und die ganze Gemeinde verfolgt wird, dies das zweite Signal ist.

Zweitens, Jesus lehrte ebenso, dass eine der Auswirkungen eine starke Reduzierung der Größe der Gemeinde sein wird. Es geht nichts über Druck, um Menschen ‚auszusortieren'. Vor einigen Jahrzehnten hörte ich eine Geschichte aus Russland. Ich kann ihre Echtheit nicht garantieren, aber ich hörte sie aus einer glaubwürdigen Quelle. Man muss Erzählungen, die aus einem geschlossenen Land kommen, immer prüfen, und Russland war damals dem Westen gegenüber verschlossen. Aber ich möchte dies gerne an sie weitergeben, da echte Wahrheit darin enthalten ist. Es war die Geschichte von einem Gebetstreffen in Russland, wo plötzlich die Türen aufgerissen wurden und zwei russische Soldaten mit Maschinengewehren hereinkamen. Sie riefen: „Wir werden die Christen töten." Die Christen dachten, die Soldaten seien betrunken, aber zu ihrem Schrecken stellten sie fest, dass diese stocknüchtern waren. Dann sagten die Soldaten: „Wenn du kein Christ bist, geh raus." Einige standen auf und rannten raus. Dann sagten die Soldaten zu den Übriggebliebenen: „Könnt ihr uns jetzt bitte sagen, wie man Christ wird? Wir mussten nur sicherstellen, dass wir die echten Christen vor uns haben, damit sie uns nicht verraten würden." Meine Güte, ein wenig Druck trennte ganz schnell die Schafe von den Ziegen!

In Großbritannien gibt es nun Anzeichen von Druck. Ein Teil der Zukunft der Gemeinde hier wird auch Leiden sein; dies ist das Signal und wir müssen uns darauf vorbereiten.

Wir lesen von Zeiten, wo enormer Druck auf der Gemeinde liegen wird und von der darauf folgenden Reinigung. Jesus sagt, wenn dieser Druck beginnt, dann sollen wir nach falschen Propheten Ausschau halten. Wenn die Gefahr in der Welt falsche Messiasse sind, dann besteht die Gefahr in der Gemeinde in falschen Propheten und wir müssen sie beobachten. Sie wissen, was falsche Propheten tun. Sie sprechen von Frieden, obwohl kein Friede ist; sie versuchen alles, es Ihnen leichter zu machen. Ich würde sagen, dies ist der grundlegende Tenor eines falschen Propheten. Er schränkt Gottes Maßstäbe ein und passt sie den Menschen an; er senkt die moralischen Maßstäbe sowie die Maßstäbe des Glaubens; er versucht, die Leute zufrieden zu stellen, und er gibt ihnen eine andere Sicherheit als Gott. Darauf müssen wir achten, wenn der Druck beginnt.

Aber das dritte Merkmal dieses Signals ist für mich das aufregendste. Jesus sagt dann *„und das Evangelium vom Reich wird allen Nationen gepredigt werden"*. Er lehrt, dass der auf der Gemeinde liegende Druck und die daraus resultierende Reinigung ihre Arbeit tun wird – und das Evangelium wird verkündigt werden. Ich finde das aufregend, Sie nicht auch? Vielleicht blickt Gott auf uns hinunter und denkt: wenn ich Druck auf diese Gruppe lege und sie ein wenig kleiner wird, dann könnte ich ihre Stadt mit ihnen erreichen. Dies ist ein ernüchternder Gedanke, aber das höre ich aus dieser Schriftstelle heraus, wenn Jesus sagt, dass weltweit Druck auf die Gemeinde kommen wird und auf Grund dessen viele sie verlassen werden. Wie auch immer, der Rest wird sagen: „Ran an die Arbeit!"

Das Evangelium wird allen Nationen verkündigt werden, denn mit den Übriggebliebenen hat Jesus einen Leib, der ausdauernd ist und *"der, der aushält bis zum Ende, wird gerettet"*, sagt er. In all diesem ist eine völlige Errettung.

Die ist das zweite Signal. Ich denke nicht, dass es schon erschienen ist, aber ich glaube, es wird erscheinen, nicht wahr? Ich sehe die Gemeinde überall in der Welt unter zunehmendem Druck und ich sehe eine kommende Reinigung, nach der eine Gruppe von Menschen übrig sein wird, die die Arbeit tun kann und die das Evangelium predigen und alle Nationen evangelisieren wird. Beachten Sie hier den Ausdruck ‚alle Nationen' – verfolgt werden von allen Nationen, predigen zu allen Nationen. Die Gemeinde ist immer dann schneller gewachsen, wenn sie unter Druck war – lesen Sie einfach nur die Kirchengeschichte. In den ersten drei Jahrhunderten wuchs sie viel schneller als in vielen Jahrhunderten danach. Und ist es nicht aufregend festzustellen, dass die Gemeinde in China während der letzten Jahrzehnte so gewachsen ist? Es gab einen Zeitpunkt, da dachten wir, sie sei ausgestorben, da wir nichts mehr über sie hörten. Aber unter Druck wuchs sie ganz massiv.

Kommen wir zum Signal Nummer drei. Sie werden es im Mittleren Osten sehen und Jesus nahm hier Bezug auf den Propheten Daniel und auf einen schrecklichen Ausdruck: *der Gräuel, der Verwüstung verursacht*. Ich kann nur sagen, was ich darunter verstehe. Daniel bezieht sich drei Mal darauf und auch Paulus bezieht sich mehrere Male darauf. Ich verstehe darunter, dass eines Tages in Jerusalem, an dem Ort, an den Gott seinen Namen setzte, in Gottes eigenem Tempel, die ultimative Gotteslästerung und Obszönität stattfinden wird: Ein Mann wird im Tempel Gottes sein, der behauptet, Gott zu sein – *der Mensch der Gesetzlosigkeit*.

Nichts könnte solch ein Ärgernis bei Gott erregen oder solch eine Ursache für menschliches Leiden sein wie ein Mensch, der in Jerusalem den Anspruch erhebt, Gott zu sein – der sagen wird „ich erkenne keine Gesetze an, die über mir stehen; von nun an mache ich die Gesetze". 170 Jahre vor Jesus wäre dies beinahe geschehen, als ein Mann namens Antiochus Epiphanes, ein griechischer Herrscher, nach Jerusalem kam und in den Tempel ging, der nach Gottes Namen genannt war. Er stellte eine Statue von Zeus, einem griechischen Gott, auf den Altar und dann opferte er auf dem Altar Gottes ein Schwein. Schweinefleisch auf dem Altar der Juden. Danach funktionierte er die Tempelzellen in Bordelle um. In der jüdischen Geschichte und in der Stadt Jerusalem hatte es niemals vorher etwas so Schockierendes gegeben wie die Taten von Antiochus Epiphanes, aber um solche Dinge geht es, über die Paulus und auch Jesus reden. Es ist etwas so Abscheuliches, Gotteslästerliches, Obszönes und Entsetzliches, dass Gott bis in den Himmel hinein beleidigt und angegriffen sein wird, und dieses Ereignis wird solch eine Verzweiflung und Verwirrung, solche Leiden und Bedrängnisse hervorbringen, die, wie Jesus sagt, die Welt nie zuvor gesehen hat und nie wieder sehen wird.

Das verstehe ich als die ‚große Bedrängnis' und Jesus sagt, wenn dies zu lange andauern würde, dann würde niemand überleben. Aber der barmherzige Gott hat bereits gesagt, dass es zeitlich begrenzt sein wird. Das ist das Signal Nummer drei. Deshalb können wir Gott preisen, dass er immer noch auf dem Thron sitzt und es nicht zu lange andauern lassen wird.

Jesus sagte, dass die Gefahr während des dritten Signals falsche Messiasse und falsche Propheten sein werden. Wenn wir erst einmal Signal Nummer drei erreicht haben, wird Satan sich mit allem, was er hat, gegen uns werfen – sogar mit Zeichen und Wundern. Es gibt Menschen, die lassen sich von Zeichen und Wundern täuschen; sie begreifen nicht, dass Wunder aus mehr als einer möglichen Quelle kommen können. Und Satan wird alles daransetzen, das Wort Gottes gegen uns zu benutzen. Sie werden alle möglichen Gerüchte hören: Christus kommt, er ist hier drüben; Christus kommt, er ist dort drüben. Törichte Christen werden überall hingehen – sie nehmen hier einen Bus, dort einen Zug und woanders ein Flugzeug – weil sie ein Gerücht gehört haben. Jesus sagt, geht nirgendwo hin. Er sagte, wo immer auch ein Leichnam ist, versammeln sich die Geier und jedes Mal, wenn Leute in Panik geraten, wird sich auch Satan mit seinen dämonischen Kohorten einfinden. Hören Sie einfach nicht hin.

Ich möchte, dass Sie erkennen, dass jede Vorstellung, Jesus sei heimlich zurückgekehrt, falsch ist. Jesus sagt, hört nicht hin. Er sagt sogar: *„Wenn ich komme, wird es wie ein Lichtblitz von einem Ende des Himmels zum anderen sein."* Jedermann wird es augenblicklich wissen. Also brauchen Sie sich nirgendwohin zu bewegen. Ziehen Sie nicht aus Ihrer Stadt weg. Bleiben Sie dort. Sie werden sehen; sie werden wissen. Er wird genau dort sein. Nur die in Panik geratenen Menschen werden durch die vom Teufel erzeugten Zeichen und Wunder irregeleitet, sowie durch falsche Messiasse und Propheten, die überall herumlaufen und sagen werden: „Es ist passiert, er ist wiedergekommen, er ist zurückgekommen." Jesus hat uns gesagt, wir sollen nicht auf sie hören.

Es gibt nur eine Gruppe, der er gesagt hat, dass sie laufen soll, und das ist die Gruppe von Menschen, die in unmittelbarer Nähe von Jerusalem lebt. Das ist die einzige Gruppe, die sich bewegen soll. Als ich in Jerusalem mit den christlichen Leitern zusammen war, bat ich sie dringend, dies zu beachten. Ich sagte: „Wenn Ihr noch am Leben seid und in der Nähe dieser Stadt lebt, wenn es passiert, dann packt nicht eure Sachen, macht gar nichts, sondern lauft! Denn ihr werdet genau an der Türschwelle von diesem boshaften, grauenvollen, dreckigen Mann sein, der behauptet, Gott zu sein. Und ein jeder aus Gottes Volk, der sich in seiner Reichweite aufhält, wird geliefert sein, also solltet ihr besser laufen." Das ist die einzige Bewegung, die sein muss. Jeder aus Gottes Volk, der sich zufällig in Jerusalem aufhält – wenn Sie vielleicht als Tourist dort sind – lauft! Jesus sagte, betet dafür. Betet, dass es nicht im Winter sein wird, wenn es zu kalt ist, um sich in den Bergen zu verstecken. Betet, dass es nicht am Sabbat ist, denn dann wird es keine Beförderungsmöglichkeiten geben. Es wird tatsächlich sehr schwierig sein, aus diesem Gebiet im Winter oder am Sabbat herauszukommen, ganz besonders für schwangere Frauen oder stillende Mütter. Wie werden sie damit fertig werden?

Jesus sagte, dass er das alles seinen Jüngern im Voraus mitteilt. Er wollte, dass sie Bescheid wissen. Nun, dieses Signal ist noch nicht erschienen, können Sie es kommen sehen? Ich kann es durchaus kommen sehen. Es scheint heutzutage absolut möglich, dass im Mittleren Osten ein Mann sagt: „Ich bin Gott. Von nun an mache ich die Regeln." Und dann begeht er diese ultimative Gotteslästerung, diesen Gräuel mitten in der Stadt Gottes.

Lassen Sie uns weitergehen zu Signal Nummer vier. Nachdem Sie Signal Nummer drei gesehen haben, fangen Sie an, im Himmel nach Signal Nummer vier Ausschau zu halten. Das begeistert mich. Das vierte Signal kommt gleich nach all den Drangsalen, die von begrenzter Dauer sein werden. Gott wird jedes Licht im Universum ausschalten. Ich kann mich noch erinnern wie ich zum ersten Mal zu einem Weihnachtsspiel ins Theater ging. Wir waren alle ganz aufgeregt und dann ging ein Licht nach dem anderen aus, sodass wir im Dunkeln saßen. Ich war voller Vorfreude, denn ich wusste, als nächstes würde ein Lichterglanz vor mir erstrahlen und die Vorführung würde beginnen. So ähnlich wird es sich abspielen. Das letzte Signal wird sein, dass die Sonne, der Mond und auch die Sterne verlöschen. Alles natürliche Licht

Die Zeichen seiner Wiederkunft

im Universum wird ausgeknipst. Plötzlich, blitzschnell, werden Sie von einem Ende des Himmels bis zum anderen gewaltigen Lärm hören.

Einige Leute mögen keinen Lärm. Sie denken, Religion müsse sehr leise und würdevoll sein. Nun, sie werden an diesem Tag Probleme bekommen, denn 1. Thessalonicher 4,16 ist der „lauteste Vers" in der Bibel. Da schreit sich ein Erzengel die Lunge aus dem Hals. Da bläst eine Trompete. Es ist laut genug die Toten zu erwecken, ein schrecklich lärmintensiver Tag. Aber machen Sie sich bereit für Ihren ersten kostenlosen Ausflug ins Heilige Land. Dann kommen die Engel und versammeln die Heiligen.

Beachten Sie Zweierlei. Bis zu diesem Zeitpunkt sind zwei Dinge nicht passiert, von denen Christen mir gesagt haben, dass sie hätten vorher geschehen müssen. Nummer Eins, Christus ist noch nicht wiedergekommen – weder heimlich noch sonst wie. Und Nummer Zwei, die Christen sind noch nicht verschwunden. Ich glaube, wir hätten es aus Jesu Mund hören müssen, wenn er geplant hätte heimlich wiederzukommen oder auch, dass die Christen im Geheimen verschwinden würden, aber er hat weder das eine noch das andere mitgeteilt. Er nannte uns die vier Signale. Wissen Sie, was die große Gefahr wäre, wenn Signal Nummer vier erscheinen würde und die Gefahr des ersten Signals die falschen Messiasse wären? Wenn die Gefahr des zweiten Signals falsche Propheten und die Gefahr des dritten Signals falsche Messiasse und falsche Propheten wären, was wäre dann die Gefahr des vierten? Überhaupt nichts. Warum nicht? Weil dann das nächste Ereignis die Wiederkunft Jesu ist. Demnach haben Sie gar keine Zeit, sich wegen der falschen Messiasse oder falschen Propheten Sorgen zu machen. Der wahre Prophet ist zurückgekehrt; der wahre Messias ist gekommen. Und das vierte Signal ist einfach so schnell. Also, wenn Sie dieses Blitzen sehen und wenn alle Lichter ausgehen, dann machen Sie sich bereit zum Abheben!

Mein Großvater ist auf einem Friedhof in Newcastle upon

Tyne beerdigt und auf seinem Grabstein stehen drei Worte. Sie stammen nicht aus der Bibel (sie sind, genau genommen, aus einer Hymne der Methodisten, die ich entdeckt habe), aber sie stehen auf seinem Grabstein, und Leute kratzen sich am Kopf und fragen sich, was für ein sonderbarer Mensch dort begraben ist, denn neben seinem Alter und Namen sagt die Inschrift nur noch: „Was für ein Treffen." Das wird eine Feier! Es gibt kein Stadion auf dieser Welt, das dies fassen könnte. Es muss in der Luft sein, damit jeder daran teilnehmen kann und es wird laut genug sein, um die Toten aufzuerwecken; sie werden zuerst dabei sein. **Das ist das Zentrum der Hoffnung der Christen. Das ist der Kern unserer Hoffnung für die Zukunft.**

Es gibt noch viele andere Dinge, auf die wir hoffen – und das bedeutet nicht, dass wir es uns wünschen; es bedeutet vielmehr, dass wir danach in der Zukunft Ausschau halten. Aber der Kern von allem ist, dass der Herr Jesus Christus zurückkehrt auf diesen Planeten Erde. Das ist das Herzstück, denn wir wissen, dass wir ohne den König das Königreich nicht vollständig und endgültig errichten können.

Demnach ist das Zentrum unserer Hoffnung, dass der König wiederkehrt. Deshalb ist es auch kein falsches Gebet, wenn wir sagen *„dein Reich komme, auf der Erde wie im Himmel"*. Das ist ein Gebet, dass beantwortet werden wird, weil der König wiederkommt. Jesus lehrte, dass wenn Sie all diese Dinge sehen, Sie wissen werden, dass er gerade auf der anderen Seite der Türe steht. Es ist so, als würden Sie einen Feigenbaum sehen, dessen Blätter gerade zu grünen beginnen und dessen Zweige weich werden und sie wüssten, dass der Sommer vor der Tür steht. Ist Ihnen schon einmal aufgefallen wie schnell er da ist, wenn die Knospen erst einmal erschienen sind? Ehe Sie sich versehen ist es bereits Sommer. Und Jesus sagte: *„Wenn ihr all diese Dinge seht"* – was bedeutet, wenn Sie all diese Signale vernommen haben. Ich erwarte nicht, dass Jesus diese Nacht wiederkommt, weil diese vier Signale noch nicht alle erschienen sind, und ich

Die Zeichen seiner Wiederkunft

werde meinen Augen trauen, nicht meinen Ohren. Ich gerate also nicht in Panik und denke, dass ich vielleicht morgens aufwache und feststelle, dass all die anderen um mich herum verschwunden sind. Ich werde auch nicht denken, dass ich verschwunden sein werde und sie alle hier zurückbleiben würden. Das ist oft die Kehrseite bei solchem Denken. Aber ich schaue nach diesen Signalen aus und meine größte Hoffnung ist, dass es zu meinen Lebzeiten passiert und sie sichtbar werden, während ich noch auf der Erde bin. Das würde bedeuten, dass kein Bestatter meinen Körper anrühren würde oder das Maß für meinen Sarg nehmen würde. Das ist die Hoffnung einer jeden Generation.

Kapitel 2

DIE TRENNUNG BEI SEINER WIEDERKUNFT
(MATTHÄUS 25)

Aber angenommen, es passiert nicht zu meinen Lebzeiten. Angenommen, seine Wiederkunft liegt in weiter Ferne – wie stelle ich mich darauf ein? Bisher haben wir nur die objektiven Erkenntnisse betrachtet und noch nicht darüber nachgedacht, wie wir sie in der Praxis anwenden können. Doch als Erstes musste die Grundlage gelegt werden.

Wir müssen wissen, welches die Signale sind. ('Signal' und 'Zeichen' – es ist das gleiche Wort.) Welches ist das Zeichen der Wiederkunft Jesu und des Endes der Welt? Wie werden wir wissen, wann es kurz bevorsteht? Nun, Jesus ist auf der anderen Seite der Türe und er sagte, dass zwei Dinge nicht vergehen werden und deswegen können Sie sich auch darauf verlassen, dass sie geschehen werden. Eines ist: *'diese Generation wird nicht vergehen'*. Er meinte damit nicht die gerade lebende Gruppe von Juden. Das Wort Generation bedeutet vielmehr 'Art' oder 'Rasse'. Also drückt er mit seinen Worten aus, dass die Juden als Rasse nicht verschwunden sein werden, bevor all diese Dinge passieren. Für mich ist ganz klar, dass dies einer der Beweise für die Wahrheit dessen ist, was Jesus über die Zukunft mitteilte. Nämlich seine Aussage, dass es immer noch Juden geben wird, wenn es geschieht – und da sind sie, zurück in ihrer eigenen Nation, in ihrem eigenen Land; zurück in Jerusalem, das nun nicht mehr durch die Heiden mit Füßen getreten wird. Das ist ein Beweis für mich, dass alles so geschehen wird.

Das Zweite, was er sagte, ist *'meine Worte werden nicht*

vergehen'. Am letzten Tag in der Geschichte werden Sie immer noch in der Lage sein, eine Bibel zu bekommen. Andere Bücher mögen vergangen sein. Die Worte anderer Menschen werden vergehen, aber Jesu Worte werden nie vergehen. An der Tatsache festhaltend, dass sie Gottes Volk sind, wird Israel nie vergehen und auch Gottes Worte durch Jesus werden nie vergehen. So kann ich der Zukunft entgegensehen, meine Tageszeitung lesen ohne in Panik zu geraten und sagen: „Hallelujah, es sind Geburtswehen." Es sind die Geburtswehen eines Universums, die einen ganz neuen Himmel und eine neue Erde hervorbringen werden; eine neue Erde für neugeborene Menschen mit neuen Körpern. Das begeistert mich!

Lassen Sie mich versuchen, in einigen wenigen Sätzen den ersten Teil von Matthäus 24 zusammenzufassen. Es begann, als die Jünger mit Jesus über den erstaunlichen Tempel sprachen, den Herodes gerade in Jerusalem errichten ließ. Jesus sagte, dass jeder Stein davon niedergerissen würde. Nun, sie waren sich sehr sicher, dass kein Unglück dies würde bewirken können, ausgenommen das Ende der Welt; das Ende der Zeiten und das Kommen des Messias. Deshalb fragten sie ihn ganz gezielt danach, wann all dies passieren würde und welches die Zeichen oder Signale für das Ende der Welt, für das Ende der Zeiten, sein würden. Sie waren etwas verwirrt, da sie nicht erkannten, dass der Tempel lange vor dem Ende der Welt zerstört werden würde, aber Jesus antwortete, indem er ihnen vier Signale mitteilte – welche wir uns angeschaut haben – die seine Wiederkunft kennzeichnen würden; vier Zeichen dafür, dass das Ende der Welt bevorsteht. Das Verständnis über diese Zeichen wird Ihnen helfen zu erkennen, wann der Herr Jesus wiederkommt. Wir sollen nach diesen Signalen Ausschau halten. Er nannte uns vier Zeichen, unter denen es eine eindeutige Reihenfolge gibt und auch ein klares Tempo – sie werden schneller. Das Dritte wird schneller kommen als das Zweite und das Vierte wird nahezu zeitgleich sein. Das Erste wird in der Welt zu sehen sein, das Zweite in der Gemeinde, das Dritte im Mittleren Osten und das Vierte im Himmel. Also wissen wir, in welche Richtung wir nach den Signalen ausschauen sollen. Das Erste Signal war in der Welt und es war das Signal von Katastrophen – Kriege, Erdbeben, Hungersnöte. Wir erinnern uns, dass Jesus lehrte, dass diese Geschehnisse nicht das Ende der Welt bedeuten, sondern den Beginn der Geburtswehen einer neuen Welt.

Das zweite Signal war in der Gemeinde, wie Sie sich vielleicht erinnern, und es wird weltweite Verfolgung geben, einen Abfall, eine Aussortierung von reinen Mitgliedschaften in der Gemeinde, bedingt durch die Leiden, die auf die Gemeinden in jeder Nation kommen werden. Gleichzeitig wird es eine weltweite Evangelisation geben, sodass, während auf die Gemeinden in allen Ländern Druck ausgeübt wird und die Gemeinde sich dadurch verkleinert, trotzdem die Evangelisation der Welt effektiver bewerkstelligt wird. Wie wir bereits feststellten, hat sich dies immer als wahr erwiesen. Wenn die Gemeinde unter Druck ist, dann werden die Passagiere, die Mitläufer, den Evangeliums-Zug verlassen, nur die Mannschaft bleibt übrig und sie macht mit der Arbeit weiter.

Signal Nummer drei war, dass etwas Entsetzliches in Jerusalem geschieht, die größte Gotteslästerung überhaupt; ein Mann, der sich selbst als Gott an genau dem Ort niederlässt, an den Gott seinen Namen gesetzt hat. Er bewirkt solche weltweiten Schwierigkeiten, Probleme und Drangsale, dass Jesus denjenigen rät, die sich in der Nähe aufhalten, Judäa zu verlassen und so schnell sie können in die Berge zu laufen. Eine Krise im Mittleren Osten, dann, wenn ein Mann sich selbst dort als Gott niederlässt. Wenn Sie Ihre Bibel kennen, dann werden Sie wissen, dass dies auf den Antichristen verweist und auf Leiden wie die Große Bedrängnis oder die Große Trübsal. Wir haben auch festgestellt, dass bisher weder die Christen fort sind, noch Christus wiedergekommen ist.

Signal Nummer vier im Himmel war, dass die Sonne und der Mond ausgeschaltet werden, die Sterne werden versetzt, die ganze Welt wird in Dunkelheit eingetaucht, so wie in einem Theater die Lichter ausgehen bevor der Vorhang aufgeht – der Weg wird freigemacht für das Erscheinen des so glorreichen Menschensohnes, dass kein anders Licht benötigt werden wird, und es wird wie ein Blitz von Osten nach Westen sein. Nun, dies sind die vier Signale und Jesus sagte zu seinen Jüngern, dass, wenn sie alle diese Dinge gesehen haben, sie wissen würden, dass er an der Tür und gerade dabei ist, durch diese zurück in die Geschichte einzutreten. Das ist die klare Lehre von Jesus. Ich kann kaum verstehen, dass so viele Christen darüber so verunsichert sind. Nichts könnte klarer sein: 1, 2, 3, 4 – und wenn Sie alle vier sehen, werden Sie wissen, dass der Moment gekommen ist. Zu dem Zeitpunkt, an dem Sie alle Lichter am Himmel verlöschen sehen, erheben Sie einfach Ihr Haupt, der Tag Ihrer Erlösung ist gekommen. Jesus steht genau an der Tür, machen Sie sich bereit ‚Hallelujah' zu rufen und weg sind Sie! Das ist der Zeitpunkt, wo zwei Männer, die nebeneinander in der Fabrik an der Werkbank gestanden sind, einander Auf Wiedersehen sagen und einer wird weggenommen und der andere wird zurückgelassen. Und zwei Frauen, die miteinander in der Küche gearbeitet haben, werden voneinander getrennt werden; eine wird weggenommen und die andere wird zurückgelassen.

Jemand fragte mich einmal: „Glauben Sie an die Entrückung?" Natürlich tue ich das, ich glaube eben nur, dass sie dann geschieht, wenn Jesus gesagt hat, dass sie geschieht. Allerdings glaube ich, dass es eine Trennung und ein Versammeln der Auserwählten geben wird. Jesus sagte, wann dies geschieht: Nach dem letzten Signal wird er seine Engel senden, um die Auserwählten zu versammeln. Nichts könnte klarer sein, daher lassen Sie sich niemals deswegen durcheinander bringen.

Wir kommen nun zu einer Passage, die anscheinend das Gegenteil aussagt und hieraus könnte Verwirrung entstanden sein. Nachdem Jesus sagte: *„Wenn ihr all diese Dinge seht, werdet ihr wissen"*, sprach er dann, *„aber ihr wisst nicht und ich auch*

Die Trennung bei seiner Wiederkunft

nicht. Und auch die Engel wissen es nicht. In Wahrheit weiß es niemand außer dem Vater und der hält es geheim." Was für mich dabei so aufregend ist: dass Gott, mein Vater, das Datum für die Wiederkunft Jesu bereits in seinem Terminkalender hat. Es ist alles schon festgelegt, es steht im Kalender, aber niemand sonst weiß es. Daher seien Sie immer auf der Hut vor jemandem, der versucht, die Wiederkunft Jesu zu datieren. Martin Luther tat dies und er lag eindeutig falsch. John Wesley tat es und irrte sich. Sie würden sich wundern, wie viele bedeutende christliche Leiter in diese Falle getappt sind zu sagen, es wird im Jahr soundso sein. Sekten sind ebenso in diese Falle geraten. Sie werden feststellen, dass die Zeugen Jehovas, die Sieben Tage Adventisten und andere in diese Falle gegangen sind, die Wiederkunft des Herrn zu datieren, aber Jesus sagte, dass niemand es weiß.

Ich würde gerne ein Buch über die Wahrhaftigkeit Jesu schreiben, weil ich denke, dass seine pure Ehrlichkeit ein stark vernachlässigter Aspekt seines Charakters ist. Fünfmal in dieser Passage des Matthäusevangeliums sehen wir dies ganz besonders deutlich. Jesus spricht dort: *„Ich sage euch die Wahrheit."* Eines seiner Lieblingsworte war *Amen* und er sagte *Amen* am Anfang seiner Sätze, nicht am Ende. Er beginnt immer mit: *„Amen, Amen, ich sage euch", „Wahrlich, wahrlich, ich sage euch."* Er war ein Mann, der in solch einem Maß die Wahrheit sprach, dass er in der Lage war zu sagen: *„Ich bin die Wahrheit."* Deshalb war er auch ehrlich genug zuzugeben, wenn er etwas nicht wusste. Hier ist ein gutes Beispiel für Sie. Er kannte das Datum seiner Wiederkehr nicht; er konnte zwar seinen Jüngern sagen, *wonach* sie Ausschau halten sollten, aber nicht, *wann.* Das ist Ehrlichkeit. Es steht jedem Nachfolger Christi an, genauso ehrlich zu sein, und kein Lebewesen kann Ihnen sagen, wann es passiert, aber wir können sagen, was geschehen wird.

Wie auch immer, das löst nicht das Problem, denn Jesus scheint nun zu sagen, dass es völlig unerwartet sein wird, es wird kommen wie ein Dieb in der Nacht. Das ist einer seiner Lieblingsausdrücke.

Petrus benutzt ihn auch, Paulus benutzt ihn und Johannes ebenso, quer durch den Rest des Neuen Testaments hindurch. Sie haben es aufgegriffen, dass, wenn der Herr wiederkommt, er kommen wird wie ein Dieb in der Nacht. Und das hat viele Leute dazu veranlasst zu sagen, dann wird es sicher total unerwartet sein, wir werden bestimmt überhaupt keine Vorwarnung haben.

Über einen Dieb kann man zwei Dinge mit Sicherheit sagen. Das Erste ist offensichtlich, nämlich, dass er versucht, heimlich zu kommen; er versucht, verstohlen zu kommen. Das letztere ist ein interessantes Wort, verSTOHLEN – von stehlen. Also, ein Dieb versucht, unbemerkt zu kommen. Aber die zweite Sache bezüglich eines Diebes ist, dass er kommt, um Sie auszurauben. Er versucht nicht nur, verstohlen zu kommen, er kommt auch, um zu stehlen. Denken Sie nun, Jesus kommt zurück zu seiner Gemeinde, um von ihr zu stehlen? Niemals! Deshalb werfen wir die Frage auf, ob er wirklich wie ein Dieb zu uns kommt. Und wir werden sehen, dass die Lehre des Neuen Testaments völlig klar ist: zu denen, die bereit sind, wird er nicht als Dieb kommen; er wird weder verstohlen kommen, noch wird er stehlen. Aber für diejenigen, die nicht bereit sind, wird es völlig unerwartet sein und es gibt für sie bestimmt einen Verlust. Können Sie mir folgen? Das Bild des Diebes in Bezug auf Christen anzuwenden ist der große Fehler, der gemacht wurde. Lassen Sie mich da noch etwas tiefer hineingehen. Die Spannung zwischen ‚ihr werdet wissen, wann ich komme' und ‚ihr wisst nicht, wann ich kommen werde', ist völlig falsch gelöst worden mit der Aussage: ‚das muss bedeuten, es gibt zwei Wiederkommen'– dass er als erstes heimlich wiederkommen muss und zweitens öffentlich, und zwar mit einem Abstand dazwischen. Das ist aber nicht die Weise, in der das Neue Testament diese Spannung löst. Was ist denn nun die Antwort auf diese Spannung, bei der Jesus in einer Minute sagt: „Wenn ihr diese Dinge seht, werdet ihr wissen", und in der nächsten Minute sagt er: „aber ihr werdet nicht wissen"? Wie lösen Sie es? Es gibt nur eine Weise, auf die es richtig gelöst werden kann und das ist die biblische Weise. Wenn Sie es wissen, wird es zu spät sein, sich bereit zu machen. Dies ist die einzige Weise, wie Sie die Spannung lösen können, aber es ist die richtige Weise. Mit anderen Worten, zu dem Zeitpunkt, an dem Sie alle diese Signale gesehen haben und ganz sicher wissen, er ist an der Tür, werden Sie nicht in der Lage sein, noch irgendetwas daraufhin zu tun. Die Zeit sich vorzubereiten ist vorbei.

Deshalb müssen Sie vorbereitet sein, denn Sie wissen nicht, wann das letzte Signal fallen wird. So wird es geschehen und nicht durch zwei Wiederkommen, wie irgendeine dumme Lehre es behauptet. Ich kann sie nirgendwo im Neuen Testament finden. Als ob er heimlich für seine Heiligen wiederkommt und dann öffentlich mit ihnen. Nirgendwo finde ich das. Was ich aber herausgefunden habe ist: diejenigen, die nicht vorbereitet sind, wissen gar nichts. Genauso hatten die Menschen in den Tagen Noahs keine Vorstellung davon, was geschehen würde, bis sie dann durch die Fluten weggenommen wurden und alles verloren. Deshalb wird er zu denjenigen, zu denen er verstohlen kommen wird, auch als jemand kommen, der stiehlt, so wie ein Dieb in der Nacht. Für diejenigen, für die es eine totale Überraschung sein wird, wird es auch völligen Verlust bedeuten.

Paulus lehrt in 1. Thessalonicher 5 (4-8) ganz klar:

Ihr aber, Brüder, seid nicht in Finsternis, dass euch der Tag wie ein Dieb ergreife; denn ihr alle seid Söhne des Lichtes und Söhne des Tages; wir gehören nicht der Nacht und nicht der Finsternis. Also lasst uns nun nicht schlafen wie die Übrigen, sondern wachen und nüchtern sein! Denn die da schlafen, schlafen bei Nacht, und die da betrunken sind, sind bei Nacht betrunken. Wir aber, die dem Tag gehören, wollen nüchtern sein, bekleidet mit dem Brustpanzer des Glaubens und der Liebe und als Helm mit der Hoffnung des Heils.

Revidierte Elberfelder Bibel

Das ganze Konzept des Stehlens ist nur für diejenigen eine Bedrohung, die nicht vorbereitet sind. Die Lehre von Jesus bedeutet aber, dass es für diejenigen, die vorbereitet sind, so ist wie bei einem Mann, in dessen Haus eingebrochen werden soll; er bekommt aber eine Warnung, dass ein Dieb unterwegs ist und nicht nur, dass er auf dem Weg ist, sondern er weiß, dass er um ein Uhr morgens kommen wird. Was macht er also? Er ist vorbereitet und stellt sicher, dass in sein Haus nicht eingebrochen wird; er wird weder überrascht noch beraubt. Können Sie der Lehre Jesu hier folgen? Die Plötzlichkeit des Ganzen ist nur für die Unvorbereiteten so, aber diejenigen, die vorbereitet sind, werden wachsam sein und da gibt es keine Heimlichkeit, keine Überraschung und keinen Verlust.

Ich sage Ihnen, in unseren Städten leben jetzt Menschen, die, wenn Jesus wiederkommt, alles verlieren werden, was sie schätzen; sie werden alles, was sie geliebt und genossen haben, verlieren, sie werden all ihre Besitztümer verlieren und es wird völlig überraschend sein. Es wird sein wie bei einem Dieb, der einbricht. Aber das sollte Ihnen nicht geschehen und es müsste auch den anderen nicht passieren. Kein Wunder, dass Jesus sagt, es wird sein wie in den Tagen Noahs. Er zog ständig eine Parallele zwischen dem, was in den Tagen Noahs geschah und dem, was bei seiner Rückkehr geschehen wird und deshalb, wenn Sie die Wahrheit der Geschichte von Noah ablehnen, werden Sie wahrscheinlich die Wahrheit über seine Wiederkunft auch nicht akzeptieren. Aber beides sind historische Ereignisse – eines ist Vergangenheit, das andere ist Zukunft, aber beide haben furchterregende Gemeinsamkeiten.

Folgendes war passiert. Haben Sie bemerkt, dass Noah wusste, was geschehen würde, aber nicht wann? Zu dem Zeitpunkt, an dem er wusste, wann es passieren würde, wäre es zu spät gewesen, eine Arche zu bauen, aber da er schon ein ganzes Jahr lang wusste, was kommen würde, hat er einfach mit den Vorbereitungen weitergemacht. Die ‚Canberra' war das erste Schiff, das in den gleichen Proportionen wie die Arche Noah entworfen wurde – war Ihnen das bekannt? Tatsächlich haben die meisten Schiffe seitdem

Die Trennung bei seiner Wiederkunft

diesen Plan übernommen. Die ‚Queen Elisabeth 2' basierte auch auf dem Bauplan der ‚Canberra'. Die ‚Canberra' war das erste Schiff, das die gleichen Proportionen zwischen Schiffsbreite und Länge hatte wie die Arche Noah – Noah entdeckte, dass Gott den besten Entwurf für Schiffe hatte. Faszinierend! Es ist wahr.

Gott wusste, dass Noah und seine drei Söhne die Arche in der ihnen verbleibenden Zeit bauen konnten, aber sie wussten nicht, wie viel Zeit sie hatten. Das Wichtige war, dass Noah, sobald er wusste was kommen würde, sofort mit den Vorbereitungen begann. Dann, nach einem Jahr Bauzeit, sagte Gott ihm, er solle in die Arche hineingehen, weil in sieben Tagen die Flut kommen würde. Nun wusste er endlich, wann, und es war keine Überraschung für ihn; aber es wäre eine furchtbare Überraschung für ihn gewesen, wenn er nichts an Vorbereitungen unternommen hätte, bis er gewusst hätte, *wann*. Er bereitete sich vor, als er wusste, *was* geschehen würde. Ich hoffe, Sie können mir folgen, denn es geht mir hier um einen äußerst wichtigen Punkt. Was ich sage ist Folgendes: Aus dem ersten Teil von Matthäus 24 geht klar hervor, dass, wenn wir nach den Signalen Ausschau halten, wir wissen werden, wann er kommen wird. Aber wenn Sie warten, bis Sie wissen, wann Sie sich bereit machen sollen, wird es für Sie viel zu spät sein. Sie werden sein wie die törichten Jungfrauen, von denen wir gleich lesen werden. Oh, sie wussten, was passieren würde, aber zu dem Zeitpunkt, als sie wussten, wann, war es für Vorbereitungen zu spät. Dies ist meine Lösung für die Spannung, die durch die beiden scheinbar widersprüchlichen Aussagen Jesu entsteht. Ich löse sie nicht durch eine Theorie von ‚zwei Wiederkommen', weil ich nicht glaube, dass dies schriftgemäß ist. Aber ich löse sie, indem ich sage, dass es zwei Gruppen gibt, zu denen er wiederkehren wird: Jene, die wissen werden, wann es sein wird, aber die schon seit langem vorbereitet sind und diejenigen, die überhaupt nicht vorbereitet sind. Und zu diesen wird er wie ein Dieb kommen, verstohlen und um zu stehlen.

Wir haben uns vorhin auf Matthäus 23:37–24:51 (siehe Kapitel

1) bezogen. Nun lesen wir weiter von Kapitel 25:1 an (revidierte Elberfelder Bibel) und behalten dabei die abschließenden Verse unserer bisherigen Bibelstelle im Gedächtnis.

„Dann wird es mit dem Reich der Himmel sein wie mit zehn Jungfrauen, die ihre Lampen nahmen und hinausgingen, dem Bräutigam entgegen. Fünf aber von ihnen waren töricht und fünf klug. Denn die Törichten nahmen ihre Lampen und nahmen kein Öl mit sich; die Klugen aber nahmen Öl in ihren Gefäßen samt ihren Lampen. Als aber der Bräutigam auf sich warten ließ, wurden sie alle schläfrig und schliefen ein.

Um Mitternacht aber entstand ein Geschrei: „Siehe, der Bräutigam! Geht hinaus, ihm entgegen!"

Da standen alle jene Jungfrauen auf und schmückten ihre Lampen. Die Törichten aber sprachen zu den Klugen: „Gebt uns von eurem Öl! Denn unsere Lampen erlöschen."

Die Klugen aber antworteten und sagten: „Nein, damit es nicht etwa für uns und euch nicht ausreiche! Geht lieber hin zu den Verkäufern und kauft für euch selbst!"

Als sie aber hingingen, zu kaufen, kam der Bräutigam; und die bereit waren, gingen mit ihm hinein zur Hochzeit, und die Tür wurde verschlossen.

Später aber kommen auch die übrigen Jungfrauen und sagen: „Herr, Herr, öffne uns!"

Er aber antwortete und sprach: „Wahrlich, ich sage euch, ich kenne euch nicht."

So wacht nun! Denn ihr wisst weder den Tag noch die Stunde. Denn es ist wie bei einem Menschen, der außer Landes reiste, seine eigenen Knechte rief und ihnen seine Habe übergab: Und einem gab er fünf Talente, einem anderen zwei, einem anderen eins, einem jeden nach seiner eigenen Fähigkeit; und reiste außer Landes. Sogleich aber ging der, welcher die fünf Talente empfangen hatte, hin und handelte mit ihnen und gewann andere fünf Talente. So auch, der die zwei empfangen hatte, auch er gewann andere zwei. Der aber das eine empfangen hatte, ging hin, grub ein Loch in die Erde und verbarg das Geld seines Herrn.

Nach langer Zeit (das ist das dritte Mal, dass dieser Ausdruck hier vorkommt, nicht wahr?) *aber kommt der Herr jener Knechte und rechnet mit ihnen ab. Und es trat herbei, der die fünf Talente empfangen hatte, und brachte andere fünf Talente und sagte: „Herr, fünf Talente hast du mir übergeben, siehe, andere fünf Talente habe ich dazu gewonnen."*

Sein Herr sprach zu ihm: „Recht so, du guter und treuer Knecht! Über weniges warst du treu, über vieles werde ich dich setzen; geh hinein in die Freude deines Herrn."

Es trat aber auch herbei, der die zwei Talente empfangen hatte, und sprach: „Herr, zwei Talente hast du mir übergeben; siehe, andere zwei Talente habe ich dazu gewonnen." Sein Herr sprach zu ihm: „Recht so, du guter und treuer Knecht! Über weniges warst du treu, über vieles werde ich dich setzen; geh hinein in die Freude deines Herrn."

Es trat aber auch herbei, der das eine Talent empfangen hatte, und sprach: „Herr, ich kannte dich, dass du ein harter Mann bist; du erntest, wo du nicht gesät, und sammelst, wo du nicht ausgestreut hast; und ich fürchtete mich und ging hin und verbarg dein Talent in der Erde; siehe, da hast du das Deine."

Sein Herr aber antwortete und sprach zu ihm: „Böser und fauler Knecht! Du wusstest, dass ich ernte, wo ich nicht gesät, und sammle, wo ich nicht ausgestreut habe? So solltest du nun mein Geld den Wechslern gegeben haben, und wenn ich kam, hätte ich das Meine mit Zinsen erhalten.

Nehmt ihm nun das Talent weg, und gebt es dem, der die zehn Talente hat! Denn jedem, der hat, wird gegeben und überreichlich gewährt werden; von dem aber, der nicht hat, von dem wird selbst, was er hat, weggenommen werden. Und den unnützen Knecht werft hinaus in die äußere Finsternis; da wird das Weinen und das Zähneknirschen sein."

LEBEN IN HOFFNUNG

Wenn aber der Sohn des Menschen kommen wird in seiner Herrlichkeit und alle Engel mit ihm, dann wird er auf seinem Thron der Herrlichkeit sitzen; und vor ihm werden versammelt werden alle Nationen, und er wird sie voneinander scheiden, wie der Hirte die Schafe von den Böcken scheidet. Und er wird die Schafe zu seiner Rechten stellen, die Böcke aber zur Linken.

Dann wird der König zu denen zu seiner Rechten sagen: „Kommt her, Gesegnete meines Vaters, erbt das Reich, das euch bereitet ist von Grundlegung der Welt an! Denn mich hungerte, und ihr gabt mir zu essen; mich dürstete, und ihr gabt mir zu trinken; ich war Fremdling, und ihr nahmt mich auf; nackt, und ihr bekleidetet mich; ich war krank, und ihr besuchtet mich; ich war im Gefängnis, und ihr kamt zu mir."

Dann werden die Gerechten ihm antworten und sagen: „Herr, wann sahen wir dich hungrig und speisten dich? Oder durstig und gaben dir zu trinken? Wann aber sahen wir dich als Fremdling und nahmen dich auf? Oder nackt und bekleideten dich? Wann aber sahen wir dich krank oder im Gefängnis und kamen zu dir?"

Und der König wird antworten und zu ihnen sagen: „Wahrlich, ich sage euch, was ihr einem dieser meiner geringsten Brüder getan habt, habt ihr mir getan."

Dann wird er auch zu denen zur Linken sagen: „Geht von mir, Verfluchte, in das ewige Feuer, das bereitet ist dem Teufel und seinen Engeln! Denn mich hungerte, und ihr gabt mir nicht zu essen; mich dürstete, und ihr gabt mir nicht zu trinken; ich war Fremdling, und ihr nahmt mich nicht auf; nackt, und ihr bekleidetet mich nicht; krank und im Gefängnis, und ihr besuchtet mich nicht."

Dann werden auch sie antworten und sagen: „Herr, wann sahen wir dich hungrig oder durstig oder als Fremdling oder nackt oder krank oder im Gefängnis und haben dir nicht gedient?"

Die Trennung bei seiner Wiederkunft

Dann wird er ihnen antworten und sagen: „Wahrlich, ich sage euch, was ihr einem dieser Geringsten nicht getan habt, habt ihr auch mir nicht getan."
Und diese werden hingehen zur ewigen Strafe, die Gerechten aber in das ewige Leben."

Dies ist ein schwerwiegendes Wort, ein Wort von entscheidender Bedeutung. Ich bin überzeugt davon, dass Gott möchte, dass wir es in diesem unserem einundzwanzigsten Jahrhundert hören sollen. Hier haben wir vier Geschichten, die alle das Gleiche aussagen. In allen vier Geschichten liegt die Betonung auf den nicht vorbereiteten Personen und was mit ihnen geschieht. Jede dieser Geschichten könnte mit dem Satz enden: „und sie lebten unglücklich weiter bis an ihr Ende." Dies sind keine netten Geschichten. Sie enden nicht damit, dass alle Probleme auf nette und gute Weise gelöst werden; sie enden genau umgekehrt.

Ich möchte Sie daran erinnern, dass Jesus diese Geschichten den zwölf Männern erzählte, die schon seit drei Jahren bei ihm waren. Er sprach nicht zu der Menge, zu den Ungläubigen oder zu den religiösen Leitern der Juden; er sprach zu denen, die ihm gefolgt waren, die mit ihm gegessen hatten, mit ihm mitgegangen waren und mit ihm Austausch hatten. Ihnen erzählt er diese vier schrecklichen Geschichten und sie fassen zusammen, was wir uns bisher alles angeschaut haben.

Anstatt jede Geschichte einzeln für sich durchzugehen, empfinde ich, dass der Herr möchte, dass ich sie alle zugleich durchgehe. Ich werde sechs Merkmale herausgreifen, die in allen vieren die Gleichen sind, sodass Sie die Botschaft verstehen. Wahrscheinlich sind Ihnen die Geschichten vertraut.

Das Erste, das alle vier Geschichten gemeinsam haben, ist, dass sie sich auf eine Person konzentrieren, einen Mann; ob es der Hausherr in der ersten Geschichte ist oder der Bräutigam in der zweiten, der Geschäftsmann in der dritten oder der König in der vierten. Und es besteht kein Zweifel darüber, dass Jesus über sich selbst spricht – sozusagen unter verschiedenen Überschriften. Er sagt: Ich bin es, der für deinen Haushalt verantwortlich ist, ich bin dein Bräutigam, ich bin dein Buchhalter, und ich bin beides, König und Hirte. Ich finde es faszinierend, dass er in der vierten Geschichte den Hirten mit dem König kombiniert, denn alle großen Könige Israels waren zuerst Hirten. Der hirtende König ist ein erstaunliches Konzept, denn auf der sozialen Leiter des Mittleren Ostens stehen der Hirte am unteren Ende und der König oben an der Spitze. Nur Gott konnte diese beiden zusammenbringen. Aber genau so etwas pflegte er zu tun. Zuerst sandte er Mose als Hirten, bevor er ihn in eine Position der Leiterschaft über Menschen setzte. David schickte er zuerst auf die Wiesen und Felder bevor er König wurde. Die besten Könige waren zuerst am Fuß der Leiter bevor sie dann an die Spitze kamen. Das gilt auch für Jesus. Er erniedrigte sich selbst, sogar bis zum Tod am Kreuz, der ‚Hirten-König'.

Ist Ihnen aufgefallen – es zieht sich durch diesen ganzen Vortrag – dass Jesus sich auf sich selbst in der dritten Person Singular bezieht? Er sagt nicht: „Ich", er sagt immer: „er". Er sagt nicht: „Ich bin der Sohn Gottes", er sagt: „weder der Sohn," oder er spricht von sich selbst als „der Menschensohn", oder „der König". Niemals sagt er: „wenn ich in meiner Herrlichkeit mit den Engeln wiederkehre". Warum sollte er so zurückhaltend damit sein, die Wahrheit über sich selbst in der ersten Person Singular zu sagen? Es ist eines der Merkmale eines falschen Messias, dass er behauptet: „Ich bin der Christus". Jesus warnte davor, dass falsche Messiasse dies sagen werden. Stattdessen überlässt es Jesus den Menschen, das selbst herauszufinden. Hier ist noch eine andere tiefgehende Feststellung zu machen: Hüten Sie sich vor jemandem, der sagt: „Ich bin ein Apostel", oder „Ich bin ein Prophet", oder ich bin dies oder ich bin das. Wenn jemand eine echte Gabe von Gott hat, dann hat er es nicht nötig, einen Anspruch darauf geltend zu machen, es wird durch andere anerkannt werden. Es sind der falsche Prophet und der falsche Christus, die sagen: „Ich bin dies", „Ich bin das". Jesus spricht über sich selbst sehr unpersönlich wenn er sagt: „wenn der Sohn kommt" oder „wenn der Menschensohn kommt" oder wenn der König dies tut oder der Hirte das tut, oder wenn der Hausherr oder wenn der Bräutigam – er sagt nicht: „Ich". Das ist sehr interessant. Es gibt allerdings verschiedene Dinge, die er im Johannesevangelium für sich beansprucht zu sein: „Ich bin das Brot des Lebens", „Ich bin die Tür", „Ich bin die Auferstehung und das Leben". Aber nichts davon betrifft das Streben nach einem Status oder einem Amt. Sie sind alle funktionell. Er beansprucht also nichts für sich selbst, doch alle diese Geschichten drehen sich um diese eine Person, die über die ewige Bestimmung von jedem, der vor ihn kommt, entscheidet.

Die Tiefe, die wir hier erfassen müssen und welche die Menschen hören müssen, ist, dass es eines Tages Jesus sein wird, der ihr ewiges Schicksal festlegt. Dazu wurde er eingesetzt. In vielen anglikanischen Kirchen sagen sie sonntags: „Von dort wird er wiederkommen, um die Lebenden und die Toten zu richten". Ich frage mich, ob sie das wirklich glauben. Jesus wird die Frage klären, wo Sie ihr restliches Leben verbringen werden. Er ist es, der das tut. Alle diese vier Geschichten drehen sich um ihn und er ist es, der, wenn er wiederkommt, die Menschen in zwei Gruppen aufteilen wird und nur in zwei – jene, die bereit sind und diejenigen, die es nicht sind. Es ist schon erstaunlich, dass dies der einzige Grund in allen vier Geschichten für die Aufteilung ist, die er macht. Er geht nicht auf die Lebensumstände ein, er fragt einfach nur, ob Sie bereit sind oder nicht. Denn die Prüfung, ob Ihr Glaube echt ist, besteht darin, ob Sie bereit sind. Glaube und Treue stehen in der Schrift für das Gleiche. Glaube ist nicht ein Schritt, den Sie an einem Abend während einer Evangelisation machen; Glaube ist ein Lebensstil und eine Wanderung, die andauert, bis Sie sterben. Glaube ist keine einmalige, sondern eine fortdauernde Sache. Wenn es wahrer Glaube ist, dauert er von dem Moment an, als Sie das erste Mal glaubten, bis zu dem

Augenblick, in dem Sie sterben. Er wird zu Treue. Paulus hat nicht gesagt: „Vor langer Zeit, auf der Straße nach Damaskus, glaubte ich an Jesus und deshalb komme ich in den Himmel". Nein, er hat gesagt: „Das Leben, das ich lebe, lebe ich im Glauben an den Sohn Gottes". Und am Ende seines Weges sagt er: *„Ich habe den Kampf gekämpft, ich habe den Glauben bewahrt".* Der einzige Glaube, der rettet, ist der Glaube, den Sie am Ende Ihres Weges haben. Das ist die Lektion aus diesen vier Geschichten: es geht um einen treuen Glauben – gut gemacht, guter und treuer Knecht. Du hast genug an mich geglaubt, um bereit zu sein. Wir erkennen also einige ziemlich überraschende Dinge in diesen vier Geschichten.

Die zweite Sache, die alle vier Geschichten gemeinsam haben, ist folgende (ich habe es schon erwähnt): in jeder wird durch die Rückkehr der zentralen Figur nach langer Zeit eine Krise ausgelöst. Es gibt Menschen, die sagten, dass Jesus dachte, er würde wirklich sehr bald wiederkommen und solche, die sagten, dass die Jünger dies dachten. Aber die Lehre Jesu war wirklich sehr deutlich. Er benutzte in jeder der Geschichten den Ausdruck ‚*nach langer Zeit*'. Und er wusste, dass dieser lange Zeitraum die wahre Prüfung dafür sein würde, ob jemand bereit sein würde. Wenn Sie in ihrer Stadt ankündigen würden, dass Jesus am nächsten Donnerstag wiederkommen würde, dann könnten Sie damit ziemlich schnell eine panikartige Reaktion hervorrufen, aber das würde Ihnen nicht verraten, ob die Leute bereit sind. Die Menschen, die wirklich bereit sind, können mit einer langen Wartezeit fertig werden. Viel zu oft haben wir dieses ‚er könnte nächsten Donnerstag wiederkommen' gebraucht, um die Menschen dazu zu bringen, sich vorzubereiten. Das ist eine falsche Motivation und es bringt keine Menschen hervor, die bereit sind. Denn wenn er dann nächsten Donnerstag nicht zurückkehrt, sind sie eine Woche später noch weniger bereit als je zuvor. Die Menschen, die wirklich bereit sind, sind es unabhängig davon, ob er nächste Woche oder in tausend Jahren wiederkommt. Sie wären immer noch bereit. Aber es ist seine

Die Trennung bei seiner Wiederkunft

Wiederkunft, die die Krise hervorruft und die die Menschen in zwei Gruppen aufteilt.

Lassen Sie uns weitergehen zum dritten Punkt. In allen vier Geschichten waren einige Menschen vorbereitet. Und wir können fragen, wie waren sie vorbereitet? Jede der vier Geschichten erzählt uns hier etwas anderes, aber wir können alles zusammenfassen. In der ersten Geschichte war der Mann bereit, weil er die Arbeit weitergeführt hatte, die ihm aufgetragen war. Das war die erste Weise, in der er bereit war. Es gibt ein altes geistliches Lied der Schwarzen (Negro Spiritual), das ich gerne mag und es geht so:

Es gibt einen König und Heerführer und er kommt
mit der Zeit,
und er findet mich beim Hacken der Baumwolle,
wenn er kommt.
Du kannst seine Legionen stürmen hören in den
Regionen des Himmels,
und er findet mich beim Hacken der Baumwolle,
wenn er kommt.
Er war der Mann, den sie verstoßen und gefoltert
haben, bis er starb,
und er findet mich beim Hacken der Baumwolle,
wenn er kommt.
Er wurde gehasst und abgelehnt, er wurde
verachtet und gekreuzigt,
und er findet mich beim Hacken der Baumwolle,
wenn er kommt.
Wenn er kommt, wenn er kommt,
wird er gekrönt sein durch Heilige und Engel,
wenn er kommt.
Sie werden rufen: Hosanna
zu dem Mann, den die Menschen abgelehnt haben,
und ich werde zwischen meiner Baumwolle
niederknien, wenn er kommt.

LEBEN IN HOFFNUNG

Mit anderen Worten, ich mache mit meiner Arbeit weiter! Es gab allerdings Christen, die steigerten sich so in die Sache mit der Wiederkunft Jesu hinein, dass sie sogar ihre Arbeit aufgaben. Ich musste tatsächlich einige beraten, die sagten: „Der Herr ist so nahe, dass ich ihn einfach nicht versäumen möchte"– und sie waren in Panik geraten. „Und du wirst mich beim Hacken der Baumwolle antreffen, wenn er kommt." Wenn Sie nicht verstehen können, was ich hier sage, werden Sie nie die Absichten Gottes in ihrer täglichen Arbeit erkennen können. Aber, wissen Sie, das Beste was Sie tun können, um sich für seine Wiederkunft vorzubereiten ist, mit der Arbeit weiterzumachen, die er ihnen aufgetragen hat zu tun. Es ist egal ob diese Arbeit bedeutet, Gemeindeleiter zu sein oder Metzger oder Hausfrau oder an einer Werkbank in einer Fabrik zu stehen. „Gesegnet ist der Knecht, den sein Herr bei solchem Tun finden wird."

In der zweiten Geschichte waren sie bereit, weil sie genügend Vorrat für die Zukunft angesammelt hatten, um für einige Zeit weitermachen zu können. Nun, es gibt viele Christen, die sehr eifrig bei jedem Kurzzeit-Projekt dabei sind. Wissen Sie, das Neueste im Bereich der Missionsarbeit ist es, für eine sehr kurze Zeit nach Übersee zu gehen. Ein lieber alter Missionar führte einmal eine Diskussion über diese Veränderung in der Missionsarbeit. Jemand fragte ihn: „Was ist die größte Veränderung in der Missionsarbeit seit sie damals hinausgingen und heute?" Seine Antwort war: „Ich sage es ihnen, wir gingen hinaus und blieben dort." Dranbleiben bedeutet, Ressourcen anzusammeln und nicht, sie aufzubrauchen. Die fünf weisen Jungfrauen hatten ihre Vorräte gesammelt, so dass selbst als es eine große Verzögerung gab, sie weitermachen konnten. Die einfache Tatsache ist, dass sie wussten, sie würden ihre Lampen nach der Ankunft des Bräutigams auch noch bei der Hochzeit benötigen. Darum geht es in dieser Geschichte, denn damals hatten sie kein elektrisches Licht und wenn man zu einer Hochzeit ging, brachte jeder eine Lampe mit, um die ganze Hochzeitsfeier

Die Trennung bei seiner Wiederkunft

zu beleuchten und so bei der Feier mitzuhelfen. Sie brauchten also die Lampen nicht nur, während sie auf der Straße waren, sondern sie benötigten sie auch nach der Ankunft des Bräutigams und deshalb sammelten sie ihre Vorräte, damit sie auch nach seinem Kommen etwas für ihn tun konnten. Die anderen allerdings hielten nur nach dem Bräutigam Ausschau, sie sammelten keine Vorräte und konnten deshalb nichts tun, nachdem er angekommen war. Sie waren nicht bereit. Die Belohnung für einen treuen Dienst für Gott ist nicht ein großes, komfortables Sofa im Himmel, auf dem „RIP" (Ruhe in Frieden) eingestickt ist; es ist mehr Arbeit, es ist dienen. Und jene, die Ressourcen für das, was nach der Ankunft des Bräutigams geschieht angesammelt haben, sind diejenigen, die bereit sind.

Die dritte Geschichte sagt uns, dass Gott Zinsen zurückerwartet, wenn er etwas in uns investiert hat. Er erwartet, dass Sie Ihre Gabe multiplizieren – und wenn Sie ihre Gabe gebrauchen, wird sie sich multiplizieren. Wenn ein Prediger seine Gabe benutzt, werden andere zum Predigen angeregt. Wenn eine Sängerin ihre Gabe einsetzt, werden andere zum Singen inspiriert. Welche Gabe auch immer Sie gebrauchen, es inspiriert andere dazu, ihre Gabe auch einzusetzen und dadurch multipliziert sie sich. Ist es nicht interessant, dass es gerade der Mann mit nur einem Talent war, der die Haltung hatte: Also, es hat keinen Wert, viel mit meiner kleinen Gabe zu machen, alle um mich herum haben so viel mehr – und er begrub sie. Er war nicht bereit. Diejenigen, die bereit sind, vermehren die Investition, die Gott in sie hineingelegt hat.

Die vierte Sache ist die, dass diejenigen, die bereit sind, sich um die Nöte der Brüder Christi kümmern. Seine Brüder sind nicht die Nachbarn – das ist eine zu weite Auslegung – noch ist es die jüdische Nation, denn das ist eine zu enge Auslegung. Ich glaube, wenn Jesus das Wort ‚Brüder' benutzte, hatte es immer die gleiche Bedeutung. „Geh und sage es meinen Brüdern"; „Wer auch immer mein Bruder ist, es ist derjenige, der den Willen meines Vaters tut". Mit anderen Worten, etwas für einen Gläubigen zu tun bedeutet in Wirklichkeit, Jesus zu dienen.

Ein bekannter Prediger besuchte einmal Yorkshire, um dort zu predigen und er wohnte bei wohlhabenden Leuten. Ein Küchenmädchen wurde zum Metzger geschickt, um für das Wochenende einen Braten abzuholen. Sie sagte zu dem Metzger: „Oh, welches Getue sie um diesen Prediger gemacht haben. Was mussten wir alles tun, um alles für ihn vorzubereiten. Man hätte denken können, Jesus Christus selbst würde kommen, so wie sie das angehen." Eine Woche später kam sie wieder zu dem Metzger. Er erinnerte sich an ihre Worte und fragte: „Nun, ist Jesus gekommen und hat in eurem Haus gewohnt?" Sie antwortete: „Ja." Der Prediger hatte sie während des Wochenendes zum Herrn geführt und sie wusste nun, indem sie ihm diente, diente sie Jesus. Wenn Sie einem anderen Christen ein Glas kaltes Wasser geben, dann haben Sie Jesus etwas zu trinken gegeben. Was für ein erstaunliches Prinzip das ist. Und diejenigen, die bereit sind, sind diejenigen, die erkennen, dass einem Bruder Jesu zu dienen bedeutet, ihm zu dienen. Über einen Bruder Jesu zu lachen, bedeutet, über Jesus zu lachen. Sich über einen christlichen Bruder lustig zu machen ist gleichbedeutend mit sich über Jesus lustig zu machen. *„Was auch immer du dem Geringsten antust …"*

Bei allen vier Geschichten ist eine Gemeinsamkeit, dass diejenigen, die bereit sind, belohnt werden. Die Belohnung fällt jedoch anders aus, als wir eigentlich erwarten. In der ersten Geschichte ist die Belohnung für die Treue eine größere Verantwortung. Wenn Sie in der Gemeinde gute Arbeit leisten, werden Sie mehr Arbeit bekommen. Seien Sie nie davon überrascht, denn es ist die Belohnung von Jesus. Wir denken: ‚Nur weil ich das gut gemacht habe, wollen sie das jetzt dauernd von mir.' Aber das ist die Belohnung. Und das bedeutet, dass die Belohnung sich nicht von dem unterscheidet, was Sie vorher gemacht haben oder, bildhaft ausgedrückt, ist die Belohnung nicht wie ein Löffel voll Marmelade, den Sie nach einer bitteren Medizin bekommen. Wenn Sie keine Freude daran haben, dem

Die Trennung bei seiner Wiederkunft

Herrn zu dienen, dann geben Sie Acht oder Sie bekommen keine Belohnung. Verstehen Sie, was ich meine? Die Belohnung ist nicht Ruhe, sondern noch mehr Arbeit. Die Welt denkt natürlich anders. Die Welt sagt: „Ich habe jetzt vierzig Jahre in dieser Fabrik gearbeitet, nun verdiene ich einen guten Ruhestand." Jesus bietet als Belohnung keinen Ruhestand an, sondern Beförderung. Ein Wissenschaftler arbeitete jahrelang in einem Labor – es war ein sehr dürftiges Labor, in Wirklichkeit nur eine Gartenhütte – aber er brachte es fertig, eine medizinische Antwort auf eine Krankheit zu entdecken, von der die ganze Welt betroffen war. So kamen sie aus aller Welt zusammen – oder zumindest diejenigen, die davon wussten – um ihn zu belohnen und sie fragten sich: ‚Womit können wir ihn belohnen?' Sie bauten ihm ein neues Laboratorium, das war seine Belohnung – und das ist genau die Art von Belohnung, die Jesus gibt. In der zweiten Geschichte gibt es die Möglichkeit zu feiern, man nimmt an einem fröhlichen Fest teil – das ist die Belohnung. In der dritten Geschichte ist beides miteinander vermischt, es ist Beförderung und ‚in die Freude einzugehen'. Und in der vierten Geschichte geht es darum, mit Christus auf einem Thron zu regieren und in ein vorbereitetes Königtum einzutreten. Ich liebe dieses Wort ‚vorbereitet', denn Jesus lehrt hier: Wenn du dich auf mich vorbereitet hast, habe auch ich mich auf dich vorbereitet. *„Ich gehe und bereite eine Wohnung für dich vor."* Bereiten Sie sich so sehr auf den Himmel vor, wie Jesus den Himmel für Sie vorbereitet? Da sind zwei Seiten, die vorbereitet werden müssen.

Es gibt noch eine weitere Sache, die diese Geschichten gemeinsam haben und wir nähern uns der Bürde, die in diesem Abschnitt liegt. In jeder der vier Geschichten sind einige Personen nicht bereit. Der ganze Zweck dieser Geschichten ist zu zeigen, dass einige nicht vorbereitet waren, und als ich mich fragte, in welchem Sinne sie nicht bereit waren, schockierte mich diese Erkenntnis: Sie waren nicht bereit, weil sie bestimmte Dinge nicht getan hatten. Sie waren keine Kriminellen, sie waren nicht voller Laster. Da gab es keinen Mörder oder Ehebrecher unter ihnen. Tatsächlich wird keiner von ihnen eines einzigen Lasters, eines einzigen Verbrechens oder einer einzigen Sünde angeklagt. Sie werden nur angeklagt, etwas nicht getan zu haben. Das ist doch ein Schock. Nochmals, in einigen Gebäuden der Church of England werden Menschen an Sonntagen das allgemeine Bekenntnis aufsagen: „wir haben die Dinge nicht getan, welche wir hätten tun sollen". Wussten Sie, dass jemand in die Hölle kommen kann, nicht aufgrund dessen, was er getan hat, sondern aufgrund dessen, was er nicht getan hat? Die übliche Verteidigung gegen eine Anklage ist: „Nun, ich habe nie jemandem etwas Böses angetan"– aber das ist kein ausreichendes Verteidigungsplädoyer, denn Gott kann antworten: „Aber du hast auch nie jemandem etwas Gutes getan. Jemandem nichts Böses getan zu haben ist nicht ausreichend. Ich gab dir Leben, ich gab dir Gaben, ich gab dir Gelegenheiten und du hast nichts damit getan." Das ist das Erschütternde in diesen vier Geschichten. Erinnern Sie sich daran, Jesus spricht zu seinen Jüngern und er warnt sie davor, nichts zu tun. Es ist wirklich so, um in die Hölle zu kommen ist alles, was Sie tun müssen: nichts. Das ist die Lehre von Jesus.

Im ersten Fall war ein Mann damit beauftragt worden, die anderen Diener mit Nahrung zu versorgen und er gab sie ihnen nicht. Im zweiten Fall sollten sie genug Öl für die Beleuchtung der Hochzeitsfeier haben und sie hatten nicht dafür gesorgt. Im dritten Fall hatte der Mann mit dem einen Talent darin versagt, es zu vermehren. Er hat es nicht für sich selbst verbraucht; er hat das Geld seines Herrn nicht gestohlen, um auszugehen und sich damit zu vergnügen – er hat einfach gar nichts damit getan. Im vierten Fall *(ihr habt mich nie besucht, ich habt mich nicht gekleidet, ihr habt mir nicht zu trinken gegeben)* haben sie sich durch den Tonfall ihrer Antwort verraten. Oh Herr, wenn wir nur erkannt hätten, dass du es warst – welch sozialer Snobismus liegt in dieser Schlussfolgerung! Mit anderen Worten: Ach, wir haben einfach nur gedacht, es ist irgendeine unbedeutende Person.

Die Trennung bei seiner Wiederkunft

Wenn wir gewusst hätten, dass du es warst, wenn wir gewusst hätten, dass es wichtig war, dann hätten wir es getan. Ist das nicht schlimm? Die Sünden des Versäumnisses, welche auch Sünden der Unterlassung genannt werden, sind es, über die Jesus hier redet – nicht die schlimmen Dinge, die wir getan haben, sondern die guten Dinge, die wir nicht getan haben. Das ist ein wirklich ernstes Wort.

Die letzte Sache, die wir in diesen vier Geschichten vorfinden, ist folgende: die Unvorbereiteten werden bestraft. Ihnen wird nicht vergeben – nicht einem von ihnen. Ihnen wird keine zweite Chance gegeben – keinem von ihnen. Tatsache ist, wenn der Herr wiederkommt sind alle Chancen vorbei. Die Tür ist geschlossen, es gibt keinen Einspruch, die Entscheidung ist endgültig. Seit mehreren Jahren habe ich mich selbst immer weniger in der Lage gesehen, auf Weihnachten einzugehen. Ich befürchte ich würde es ablehnen, über Weihnachten zu predigen – ich kann mich einfach nicht dazu überwinden. Der Grund für diese Veränderung ist, dass ich über die Wiederkunft Jesu predigen würde. Das ist die Botschaft, die die Leute hören müssen. Es ist eine weise Kirche, die den Advent genau vor Weihnachten gelegt hat, denn diejenigen, die den Advent beachten, predigen die Wiederkunft Jesu kurz vor Weihnachten. Die Welt hat nichts gegen ein Kind in der Krippe, weil sie nicht denken, dass ein Baby sie richten wird. Die Welt hat nichts gegen das erste Kommen von Jesus, denn da geht es um Vergebung und Gnade und Errettung. Die Welt liebt das erste Kommen von Jesus und hasst sein zweites Kommen. Deshalb wird die Welt sein erstes Kommen bis zum letzten Weihnachtsfest feiern, aber sie werden sein zweites Kommen, seine Wiederkunft, nicht feiern, weil er nicht zurückkommt, um die Welt zu retten. „Dieses Mal wird er kommen, um die Lebenden und die Toten zu *richten*." Und es ist nicht sehr angenehm, wenn einem gesagt wird, dass man gerichtet werden wird für das, was man nicht getan hat. Die Welt wird so etwas niemals feiern, aber es ist genau so wahr wie sein erstes Kommen. Nebenbei bemerkt, mir ist aufgefallen, dass man nicht viel Glauben benötigt, um daran zu glauben, dass er ein zweites Mal kommt, wenn er es schon einmal getan hat. Es ist dadurch doch viel einfacher zu glauben, dass er wiederkommt, oder?

Schauen Sie sich einmal die Strafen an, die über jene verhängt wurden, die nicht bereit waren. In Stücke geschnitten, Weinen, Zähneknirschen, ausgeschlossen sein, in der äußersten Finsternis, noch einmal Weinen und Zähneknirschen, verflucht sein, ewiges Feuer, ewige Strafe. Ich kann diese Worte Jesu einfach nicht umgehen. Es wundert mich, dass die einzige Person in der ganzen Bibel, der Gott die Wahrheit über die Hölle anvertrauen konnte, Jesus war. Er konnte sie keinem Apostel anvertrauen, er konnte sie keinem Propheten anvertrauen. Meine ganze Lehre über die Hölle stammt von Jesus, so als ob die eine Person, die die Menschen davor warnen konnte, diejenige sein würde, die ihr eigenes Blut hingibt, um die Menschen davor zu retten. Hier ist eine tiefgehende Wahrheit ausgesprochen und wir müssen uns mit dieser gravierenden Wahrheit, die Jesus uns vorlegt, auseinandersetzen – dass Jünger, die nicht vorbereitet sind, in die Hölle gehen. Es sind Jünger, zu denen er spricht, und Jünger, die nicht vorbereitet sind, gehen in die Hölle. Hier gibt es keine Spur von Fegefeuer, keine Spur davon, im zukünftigen Leben ‚behindert' zu sein. Hier gibt es nur die Sprache, die Jesus für die Hölle reserviert hat, welche ein Ort von entsetzlichem Leiden ist – Weinen und Zähneknirschen. Ich dachte immer, dort würde es Zerknirschtheit und Reue geben, aber ich habe erkannt, dass es da auch Zorn und Ärger gibt und die Hölle voller tobender Menschen sein wird, die ihre Fäuste gegen Gott schütteln werden, weil er sie dorthin geschickt hat. Ich wäre nicht gerne von so vielen tobenden Menschen umgeben, die zornig auf Gott sind, weil er sie dorthin geschickt hat. Weinen und Zähneknirschen, äußerste Dunkelheit – es ist entsetzlich.

Ich denke nicht, dass die Menschen in den Gemeinden immer realisieren, zu wem Jesus redet oder was er eigentlich sagt – die

Die Trennung bei seiner Wiederkunft

Menschen außerhalb der Gemeinde bekommen es bestimmt nicht mit. Wir müssen uns endlich sehr ernsthaft der Wahrheit dessen stellen, was Jesus sagt. Es sind zwölf Männer, die drei Jahre lang an seinem Dienst teilnahmen und keine gewöhnlichen Ungläubigen, keine Heiden oder ungläubige Menschen aus der Ferne. Diese zwölf Männer haben im Namen Jesu gelehrt, gepredigt und geheilt. Und in jeder der Geschichten waren die Menschen, die am Ende abgelehnt wurden, diejenigen, die eine Beziehung mit der zentralen Figur der Geschichte hatten. In der ersten Geschichte ist es ein Diener des Hausherrn, der in die Hölle geschickt wird. In der zweiten Geschichte sind es fünf der Jungfrauen, der Brautjungfern, die auf die Hochzeit warten, Ausschau haltend nach dem Kommen des Bräutigams. In der dritten Geschichte ist es ein Mann, dem der Geschäftsmann ein Talent gegeben hatte, bevor er auf eine Reise ging. Und in der vierten Geschichte waren es die Ziegen in der Herde des einen Hirten. Dies ist die Herausforderung in allen vier Geschichten. Sie können ganz nah bei Jesus sein und doch nicht vorbereitet sein. Ich bin der Bürde jetzt ganz nahe, die der Herr mir für Sie in diesem Buch gegeben hat. Wir reden hier nicht über die Menschen da draußen in unseren jeweiligen Städten und in welcher Gefahr sie nun schweben, wir reden hier über die Gefahr, in der jeder von uns als Christ schwebt.

Wie können wir denn bereit sein? Was war denn falsch mit denen, die nicht bereit waren? Was war die Wurzel ihres Fehlers? Was haben sie nicht getan? Es gibt eine zweifache Antwort. Erstens war ihre Beziehung mit dem Herrn unzureichend. Sie kannten ihn nicht, aber er wusste alles über sie. Sie dachten, sie kennen ihn, aber dem war nicht so. Denken Sie an den Mann mit dem einen Talent, der kam und sagte: *„Oh Herr, ich wusste, du bist ein harter Mann. Du verdienst Geld durch anderer Leute Arbeit."* Ein typischer Mensch, der es nicht mag, für andere zu arbeiten. Sie haben doch schon Menschen so etwas sagen gehört, nicht wahr?

„Warum sollte er durch meine Arbeit Gewinn machen?" Es ist fast so, als ob ein Gewerkschaftsvorsitzender hier redet. Er sagt praktisch: „Du bist ein harter Mann und ich hatte Angst, dass, wenn ich das Risiko eingehen würde und dein Geld verlieren würde, ich eins auf die Nase kriegen würde. Deshalb bin ich kein Risiko eingegangen, denn, weißt du, ich kannte dich. Ich wusste wie du bist, du bist ein harter Herr, dir geht es nur darum, noch mehr Geld an dich zu reißen." Aber er kannte seinen Herrn nicht. Dadurch, dass er Menschen mehr Verantwortung gab, wollte der Herr seine Freude mit ihnen teilen, wollte der Herr ihnen Talente schenken. Der Herr wollte alles, was er hatte, mit den Dienern teilen. Solch eine Sorte von Mensch war er. Aber der Mann, der sein Talent vergraben hatte, sagte: *„Oh ich kenne dich."* Er kannte ihn überhaupt nicht. Verstehen Sie das? Wenn wir dem Herrn dienen, weil wir denken, er ist hart und treibt uns an und bringt und dazu, etwas zu tun, dann kennen wir ihn nicht wirklich. Er tut es, damit er noch mehr Verantwortung mit uns teilen kann, so dass er sagen kann: *„Gut gemacht, guter und treuer Knecht, komm und habe Anteil an meiner Freude."* Darum tut er es, nicht weil er hart ist, sondern weil er Sie daran beteiligen möchte. Sie sehen, sie verstehen den Herrn nicht, bis sie nicht seinen Charakter verstehen. Wenn Sie wissen, wie er wirklich ist, dann werden Sie aus ihren zehn Talenten zehn weitere machen, aus ihren fünf Talenten machen sie fünf weitere, aus ihren zwei Talenten zwei weitere und selbst aus ihrem einen kleinen machen sie ein weiteres Talent, wenn sie ihn kennen. Aber sie kannten ihn nicht. Der Bräutigam sagte sogar zu diesen törichten Jungfrauen: *„Ich kenne euch nicht."*

Die zweite Sache, die bei den nicht Vorbereiteten nicht in Ordnung war, war diese: Nicht nur ihre Beziehung mit Christus, dem Herrn, war unzureichend, sondern auch ihre Beziehung zu seinen Brüdern. Nicht nur hatte er sie nicht erkannt (*„Ich kenne euch nicht"*), sondern sie hatten ihn auch nicht erkannt. Sie fragten, wann sie ihn denn gesehen hätten und er konnte ihnen sagen, dass

Die Trennung bei seiner Wiederkunft

sie ihn viele, viele Male gesehen hatten, denn wenn man sich mit Mitchristen trifft, dann hat man Jesus gesehen. Man muss sich einfach nur umschauen, dann hat man ihn schon gesehen und man könnte ihn genau in diesem Augenblick zum Essen einladen. Erkennen Sie ihn? Wenn Sie ihn nicht untereinander erkennen, wagen Sie es nicht, das Brot beim Abendmahl zu brechen, denn wenn sie den Leib nicht unterscheiden können, dann sollten Sie das Brot nicht essen – sie würden krank werden und sogar sterben.

Wenn Sie sich umschauen, können Sie dann Jesus wahrnehmen? Erkennen Sie ihn? Erkennen Sie ihn in ihren Mitchristen? Mit anderen Worten, diejenigen, die bereit sind, haben eine gute Beziehung mit dem Herrn und eine gute Beziehung mit seinen Brüdern – nichts weiter – und daraus wird sich alles andere entwickeln. Der Wunsch, die Talente zu vervielfachen; das Verlangen, Ressourcen aufzubauen; die treue Versorgung mit Nahrung für den Haushalt sowie der Dienst und die Deckung der Bedürfnisse werden sich daraus entwickeln. Alles wird sich aus diesen zwei Dingen entwickeln.

Als ich diese Botschaft vorbereitete waren meine Gedanken: wie viele in unseren Gemeinden laufen einfach nur mit; Mitläufer, die wegen der Feier kommen, weil sie groß, laut und aufregend ist? Ich sage Ihnen, unter Druck würden wir das schnell herausfinden. Ich spürte einfach, dass der Herr sagte: „Denkt nicht, dass ihr bereit seid, nur weil ihr über meine Wiederkunft singt. Denkt nicht, dass ihr ein Schaf seid, nur weil ihr euch in die Herde eingefügt habt. Denkt nicht, ihr seid eine weise Jungfrau, nur weil ihr unter den Jungfrauen seid, die auf den Bräutigam warten. Denkt nicht, dass ihr euer Talent gebraucht, nur weil ihr anderen zuhört, die ihr Talent gebrauchen. Nehmt nicht irgendetwas an, sondern kennt euren Herrn und lernt seine Brüder kennen. Erkennt ihn untereinander und bereitet euch vor."

Nun, einige Leser würden geradewegs auf mich zukommen und sagen: „Glaubst du an ‚einmal errettet, immer errettet'?" Ich predige über die Worte, die Jesus gesagt hat und Sie müssen die

Worte Jesu unverändert stehen lassen. Ich glaube, dass es möglich ist, ein Jünger zu sein und trotzdem in die Hölle zu kommen. Mein Beweis? Unter den zwölf Männern war einer, der es nicht geschafft hat; er hörte diesen Worten zu; er war ausgezogen, um im Namen Jesu zu predigen und zu heilen; er hatte alles verlassen, um ihm zu folgen; er war ein Teil des inneren Kreises der Zwölf und er hat diese Geschichten gehört. Er war der Kassenverwalter, aber er kannte Jesus nicht gut genug um zu erkennen, dass Jesus wusste, dass er die Bücher frisierte. In der Betreuung der Gemeindegelder war er unzuverlässig. Der Schatzmeister der ersten Gemeinde war korrupt. Und ich bin mir sicher, dass Jesus, während er diese Geschichten erzählte, immer wieder zu Judas schaute und sich fragte: wirst du bereit sein? Aber Judas war nicht bereit. Und Judas ging hin und erhängte sich – es heißt dazu, er ging an seinen eigenen Ort. Er ist der einzige von diesen Jüngern, den ich nicht erwarte im Himmel zu sehen. Jedoch indem ich das nur sage, bin ich selbst schon anmaßend über mich selbst.

Demnach ist es ein ernüchterndes Wort, das ich Ihnen mit diesem Buch überbringe; es ist ein Wort, das vielerlei traditionelle Vorstellungen in Frage stellen wird und das alle möglichen Formen von Selbstzufriedenheit herausfordern wird. Wir können unsere Selbstzufriedenheit in eine Lehre umwandeln, wir können sagen: „Alles in Ordnung, ich habe meine Fahrkarte zur Herrlichkeit." Wir können behaupten: „Alles in Ordnung, die Christen werden alle vor der großen Trübsal weggenommen." Wir können all unsere menschlichen Hoffnungen in Lehren umfunktionieren, aber ich richte mich nach den Worten Jesu und ich nehme seine Worte für bare Münze. Jesus möchte in Ihrer und in meiner Stadt Jünger haben, die bereit sind; die wissen, was kommen wird und die sich jetzt schon vorbereiten, so dass, wenn er wiederkommt, es nicht zu spät sein wird. Sie werden dann keine Zeit mehr haben um eine Arche zu bauen.

Ein lieber alter Schotte, der im Sterben lag und Besuch von einem Geistlichen bekam, der ihn auf seinen Tod vorbereiten

Die Trennung bei seiner Wiederkunft

wollte, sagte: „Sie brauchen das nicht, ich habe mein Haus bestellt, als es warm war." Als er im Sterben lag, benötigte er den Besuch eines Geistlichen nicht.

Hier ein abschließender Satz von St. Augustinus: „Wer die Wiederkunft des Herrn liebt, ist nicht jemand, der erklärt, dass es ferne ist, noch jemand, der behauptet, dass es nahe ist. Vielmehr ist es jemand, der es, ob fern oder nah, mit aufrichtigem Glauben, unerschütterlicher Hoffnung und brennender Liebe erwartet." Lesen Sie das noch einmal und nehmen Sie es sich zu Herzen.

NACHWORT

Im Jahr 2011 sprach ich in der „Tankstelle" im Rugbyclub von Henley on Thames. Der Organisator dieser monatlichen Treffen schlug mir vor, über das zweite Kommen Jesu zu sprechen, und so sagte ich, dass ich Matthäus 24 und 25 erörtern würde, in welchem so ziemlich das meiste von dem, was Jesus über seine Wiederkunft zur Erde sagte, steht. Ich hielt zwei 50-minütige Vorträge, die dieselben Überschriften, wie in diesem Buch, hatten. „Die Zeichen seiner Wiederkunft" war der Titel des ersten Vortrags. Es sind diese vier Zeichen: Katastrophen in der Welt, Entwicklungen in der Gemeinde, Bedrängnis in Jerusalem und Finsternis am Himmel. Zu jedem dieser Zeichen gab Jesus Warnungen vor Verführung und Ratschläge, wie seine Jünger darauf zu reagieren hätten.

„Die Trennung bei seiner Wiederkunft" war der Titel des zweiten Vortrags, der von den vier Gleichnissen handelte: Die zwei Hausverwalter, die zehn Jungfrauen, die Talente und die Schafe und die Ziegen. In allen vier Fällen kam es zu einer dauerhaften Trennung zwischen denen, die für die Wiederkunft ihres Herrn und Meisters vorbereitet waren und denen, die es nicht waren. Die Ersteren hatten das getan, was er von ihnen während seiner Abwesenheit erwartet hatte, und sie wurden dafür mit Freude und einem größeren Verantwortungsbereich belohnt. Die Unvorbereiteten hatten ihre Aufgaben nicht erfüllt und wurden mit Ausgesperrt-sein in der Finsternis bestraft, wo Heulen und Zähneknirschen ist.

Meine Schlussfolgerung war, dass auch GLÄUBIGE IN DER HÖLLE ENDEN KÖNNEN, dass nämlich diejenigen, die durch

Glauben gerechtfertigt werden, aufgrund ihrer Werke gerichtet werden (Ich zitierte 1. Korinther 5,10). Das war für manche meiner Zuhörer überraschend, ja geradezu schockierend, während andere bezüglich ihres Standes im Herrn verunsichert wurden. Es war für sie anscheinend ein völlig neuer Gedanke. Dennoch wollte Jesus mit diesen Gleichnissen genau dieses bei seinen Zuhörern bewirken. Wir wollen zwei Aspekte betrachten:

Erstens: Zu wem sprach Jesus? Diese Gleichnisse hielt er nicht bei seinen öffentlich Ansprachen, die er vor einem gemischten Publikum von Gläubigen und Ungläubigen hielt. Es war nur für die Ohren seiner zwölf Jünger bestimmt, die er ja für den Aposteldienst trainierte. Diese hatten alles verlassen, um ihm zu folgen, diese glaubten an seinen Namen und waren aus Gott geboren (Joh1,12.13). Diesen sagte er: „*Ihr* müsst bereit sein" (Mt24,44). Er sagte nicht: „Ihr seid schon bereit, weil ihr an mich glaubt" oder: „sagt den anderen, dass sie sich durch den Glauben bereit machen sollen", sondern er sagte: „*Ihr* müsst bereit sein", mit der klaren Schlussfolgerung, dass möglicherweise nicht alle bereit waren, was sich in Judas als wahr herausstellte.

Zweitens: Über WEN sprach Jesus? Zunächst einmal über sich selbst. Er ist der Hausherr, der Bräutigam, der Geschäftsmann und der Hirte. Wesentlich ist dabei, dass beide, die Vorbereiteten und die Unvorbereiteten in einer eindeutigen Beziehung zu ihm stehen. Er nennt sie seine „Diener" und sie nennen ihn ihren „Herrn". Diejenigen, die auf seine Wiederkunft vorbereitet waren, waren es nicht durch ihren Glauben, sondern durch ihre Treue (*„Gut gemacht, guter und treuer Knecht"*). Die Unvorbereiteten waren nicht durch ihren Unglauben, ja noch nicht einmal durch böse Taten disqualifiziert, sondern weil sie gute Taten NICHT vollbracht hatten.

Wegen dieser Gründe kann man meines Erachtens nur diese Schlussfolgerung aus der Lehre Jesu an dieser Stelle ziehen. Warum aber haben so viele damit ihre Schwierigkeiten? Eine Möglichkeit ist, dass sie diesen Teil des Wortes Gottes nie

Nachwort

gründlich genug studiert haben. Eine naheliegendere Erklärung aber ist, dass viele diese Schriftstelle nicht unvoreingenommen gelesen haben. Sie gehen mit Vorurteilen an diese Schriftstelle heran, weil sie gelehrt worden waren, dass ein Christ nicht nur gerettet worden ist, sondern ein für allemal gerettet ist, wenn er das erste Mal zum Glauben kommt. Deshalb wäre es unmöglich, bei der Wiederkunft Christi abgewiesen zu werden. Die Unvorbereiteten müssten daher Ungläubige sein, ungeachtet dessen, was über sie gesagt wurde. Und die Vorbereiteten sind ganz einfach die Gläubigen, ebenso ungeachtet dessen, was über sie gesagt wurde! Die ganze Abhandlung ist nichts weiter als ein evangelistischer Appell an die nicht erretteten.

Dieser Glaube an diese „ewige Sicherheit" ist eine der fünf Prinzipien des „Calvinismus" und wird von vielen Predigern und Evangelisten der „Reformtheologie" gelehrt. Diese nehmen an, dass die ganze Schrift darüber spricht, und dass deshalb auch Matthäus 24-25 so zu verstehen ist. Aber es gibt mehr als achtzig Schriftstellen im Neuen Testament, die uns davor warnen, unsere Errettung nicht zu verlieren. Viele dieser Schriftstellen erörtere ich in meinem Buch *Einmal gerettet – immer gerettet?* (herausgegeben von Anchor Recordings, 2020). Derweilen empfehle ich, folgende Schriftstellen aufmerksam durchzulesen: Markus 4,16.17; Johannes 15,5.6; Römer 11,19-22, 2.Petrus 2,20-22; Offenbarung 21,7.8.

Allerdings bitte ich Sie, in dieser Angelegenheit nicht in erster Linie mir zu glauben noch sonst irgendwem, sondern selbst die Schrift zu untersuchen, ob sich dies so verhält. Wenn Sie es selbst in der Bibel nicht finden, dann vergessen Sie es bitte. Wenn Sie es aber finden, dann halten Sie sich daran (Jakobus 1,22-25).

Nach jedem meiner Vorträge plagt mich mein Gewissen – selbst wenn ich die Dinge in aller Ausführlichkeit behandelt habe – ob ich wirklich alles gesagt habe, was ich hätte sagen sollen. Ich kann dann mein Gewissen nur damit beruhigen, dass es für die Zuhörer einfach zu viel gewesen wäre, hätte ich alles gesagt, was ich hätte sagen sollen. Es kommt manchmal vor, dass mich die Zuhörer später nach Dingen fragen, die ich nicht erwähnt habe. Hier ein Beispiel:

In meinem zweiten Vortrag verfolgte ich die Themen, die sich durch alle drei Abschnitte von Matthäus 25 ziehen (zehn Jungfrauen, Verse 1-13; die Talente, Verse 14-30; Schafe und Ziegen, Verse 31-46). Diese sind: Jesus kommt wieder als Richter, der diejenigen belohnt, die das getan haben, was sie hätten tun sollen, und der diejenigen bestraft, die nicht getan haben, was sie hätten tun sollen. Allerdings gibt es einige grundlegende Unterschiede, wenn wir zum dritten Abschnitt kommen, auf die ich Sie hätte aufmerksam machen sollen.

In den ersten beiden Abschnitten handelt es sich ganz eindeutig um Gleichnisse, also Geschichten, die Wahrheiten über das Reich Gottes enthalten (man achte auf das *„es wird sein wie"* in den Versen 1 und 14). Die Trennung findet unter denjenigen statt, die in das Königreich eingetreten sind, die nach dem Bräutigam Ausschau halten und denen Talente anvertraut wurden, um damit zu handeln. Denn das „ins Meer ausgeworfene Netz" des Königreiches fängt alle Arten von Meeresgetier, gute und schlechte, welche die Engel am Ende des Zeitalters aussortieren werden (Matthäus 13,47-50). Gute und schlechte Fische, weise und törichte Jungfrauen, die Talente benutzen und die Talente nicht benutzen – alle sind zunächst *innerhalb* des Königreiches, werden aber später in die Dunkelheit verbannt, in das Feuer geworfen, wo Heulen und Zähneknirschen ist (d.h. in die Hölle).

Wenn wir aber zu „den Schafen und den Ziegen" kommen, gibt es einige Unterschiede. Dieser Abschnitt ist kein Gleichnis, er ist keine Geschichte, sondern eine Tatsache, eine genaue Vorhersage eines zukünftigen Ereignisses, eine klare Prophetie.

Hirten trennen am Ende des Tages eine gemischte Herde von Schafen (normalerweise mit weißem Fell) und Ziegen (oftmals mit schwarzem Fell), indem sie für die empfindlicheren Schafe die Nacht in einen Unterstand bringen und die widerstandsfähigeren

Nachwort

Ziegen in der Nacht draußen auf der Weide lassen – ein passender Vergleich für eine endgültige Trennung. Nach dieser Aussage geht es aber sogleich um Menschen. Aber um welche Menschen? Das ist jetzt die große Frage.

Bis zu diesem Punkt wurde die Trennung zwischen solchen, die *innerhalb* des Königreichs der Himmel waren, vollzogen. Nun aber geht es um alle anderen. „Alle Nationen" bezieht sich nicht auf politische Staaten, sondern auf „ethnische Gruppen" mit unterschiedlichen Sprachen, Kulturen und Hautfarben. Hier besteht ganz sicherlich ein Bezug zum Tag des Jüngsten Gerichts vor dem „großen weißen Thron" (Offenbarung 20,11.12), an dem Jesus das ewige Schicksal eines jeden Menschen bestimmt (Apostelgeschichte 17,31).

Ebenso wie bei denjenigen innerhalb des Königreiches ergeht das Gericht auf Grundlage von Werken und Taten. Die das Gute getan haben, werden angenommen und die Gutes nicht getan haben, werden zurückgewiesen, wobei das Gute den „geringsten meiner Brüder" angetan wird. Wer sind nun diese „Geringsten"? Wenn man sagt, es seien die Volksgenossen Jesu, die Juden, dann greift das wohl zu kurz, wenn man sagt, es seien alle Menschen, dann ist das wohl zu weit gefasst, obwohl das die am häufigsten anzutreffende Meinung ist. Jesus verwendete diese Bezeichnung „Brüder" normalerweise für seine eigenen Nachfolger (Matthäus 12,49; 28,10).

Es geht hier um ein grundlegendes Prinzip: Wer notleidenden Christen hilft, der dient Christus selbst, denn die Christen sind sein Leib hier auf der Erde, in dem sein Geist wohnt. In gleicher Weise bedeutet es, dass wer sie verletzt oder links liegen lässt, damit Christus selbst verletzt oder links liegen lässt (wie es Saulus von Tarsus entdecken musste, Apostelgeschichte 9,5). Im Grunde genommen geht es bei der „großen Scheidung" um unsere Haltung, die wir gegenüber Jesus selbst einnehmen, denn sie drückt sich darin aus, was wir seinen Jüngern getan oder nicht getan haben.

Selbstverständlich ist das nicht das einzige Kriterium. Andere Schriftstellen sagen uns, dass Bücher geöffnet werden, in denen nicht nur all unsere Taten, sondern auch unsere Worte aufgezeichnet sind (Matthäus 12,36), ja sogar Gedanken und Gefühle (Matthäus 5,21-30).

All das wird noch detaillierter als in den hier besprochenen Gleichnissen aufgezeigt. Jesus bezeichnete sich sehr oft als „Sohn des Menschen". Und dieser Sohn des Menschen wird in „seiner Herrlichkeit" und mit „all seinen Engeln" kommen und „auf seinem Throne sitzen". Alle Menschen werden in nur zwei Gruppen aufgeteilt. Die einen kommen auf seine rechte Seite (dies ist der Ehrenplatz), und die anderen auf seine linke Seite (das ist der Platz der Schande), und zwar *bevor* er ihnen sagt, warum. Die Antwort, die sie geben, ist bezeichnend. Beide Gruppen nennen ihn „Herr" (denn alle Menschen werden ihn „Herr" nennen, Philipper 2,11). Keine der beiden Gruppen war sich über die Bedeutung ihres Handelns bewusst; sie hatten spontan und ohne Berechnung gehandelt.

Auch wird der Tonfall der Worte Jesu viel strenger. Die eine Gruppe ist „gesegnet", die andere ist „verflucht". Die einen werden eingeladen, zu „kommen", den anderen wird gesagt, sie sollen „verschwinden". Die einen erben ein Königreich, das für sie vor Anbeginn der Zeit vom Vater „bereitet" worden ist, die anderen werden in das Feuer geworfen, das für den Teufel und seine Engel (die Dämonen) „bereitet" worden ist – und müssen dort für immer bleiben.

Wenn wir Kapitel 25 zusammenfassen wollen, dann können wir sagen, dass die Jungfrauen und die Talente zeigen, dass das Gericht bei der Familie Gottes beginnt, und dass die Schafe und Ziegen uns zeigen, dass es dort nicht endet, sondern fortgesetzt wird, indem die gesamte Menschheit in zwei Gruppen getrennt wird (lies dazu 1.Petrus 4,17-18).

Nachwort

GEBET

Vater, bei solch einem Wort zittere ich in Deiner Gegenwart, denn ich weiß, dass es sich auf jeden von uns bezieht und dass du zum jetzigen Zeitpunkt zu deinen Jüngern sprichst und uns sagst, dass wir diese Zeit nutzen sollen, um bereit zu sein, damit, wann auch immer du kommst, du uns dabei vorfindest, dass wir die uns von dir aufgetragene Arbeit tun. Und Herr, ich bete insbesondere darum, dass meine Erkenntnis von dir – und von anderen Christen – sich vertieft, so dass aus dieser innigen Beziehung heraus die Bereitschaft zu dienen fließt, die Bereitschaft, meine Talente zu verbessern, die Bereitschaft, völlig einbezogen und völlig hingegeben zu sein. Ich bitte das im Namen Jesu. *Amen.*

LEBEN IN HOFFNUNG

www.ingramcontent.com/pod-product-compliance
Lightning Source LLC
Chambersburg PA
CBHW070336120526
44590CB00017B/2900